JN232041

実践 健康経営

Health and Productivity Management in Action

健康的な働き方への組織改革の進め方

有限責任監査法人トーマツ

吉岡拓也・根本大介・折本敦子グレイス

日本能率協会マネジメントセンター

はじめに

　近年、健康経営や働き方改革について、関心が高まってきています。その関心に応えるべく、今回、本書をとりまとめました。なぜ今、健康経営が注目されるのか、働き方改革が促進されるのか、その背景や目的、具体的な施策や進め方まで、幅広い読者の皆様方に最後まで関心を持っていただけるように簡単なストーリーを挟み込みながら、実践書という位置づけで網羅的にまとめたものです。

　本書は、人事部門の方々だけでなく、健康経営を目指す組織のリーダーはもちろん、その仕組みをつくり・支える、草の根としての社員の方々も同時に対象としています。そのため、基礎的なことから実践的なことまで、順序立てて構成しています。

　PART 1では、厚生労働省の取組みや社会的背景などを整理しています。PART 2では、健康的な働き方を目指す上での方針や取組みの方向性を示し、PART 3で、実際のアクションプランとして、組織改革のステップを順に解説しています。

　解説部分だけであれば、ご関心のある部分からお読みいただけると思います。一方、網羅的に、ストーリー仕立てで健康的な働き方と組織改革の進め方を紹介していることが本書の特徴です。ストーリーの展開に対応した内容を、それぞれ解説していく形で本書は読み進めることができますので、組織の中で健康的な働き方の仕組みを構築する主人公・松田のストーリーを楽しみながら、本書をお楽しみいただければ幸いです。

　本書は、3人のコンサルタントによる共著という形で執筆しています。

　吉岡拓也はデロイトトーマツグループの人事コンサルタントです。厚生労働省や全国各地の各組織に対して、人事・労務の面から最前線でコンサルティングをしています。本書では、PART1の健康的な働き方の必要性に関するパートやストーリー部分を担当しています。

　折本敦子グレイスは、健康経営やヘルスケア分野の政策を中心に活躍するコンサルタントです。普段は、健保組合の立ち上げや各組織の健康経営について、まさに本書で取り上げるテーマでコンサルティングをしている一方で、自治体向けの医療・介護・健康関係の計画立案なども手掛けています。PART1の健康経営に関する解説や、PART2の事例紹介のパートを担当しています。

　根本大介は、厚生労働省や医療施設に向けたコンサルティング、健康的な働き方に直接的につながる勤務環境改善やヘルスケア分野の基盤整備の支援などで活躍しているコンサルタントです。本書では PART2のマインドや組織分析、PART3の健康的な働き方に向けたステップのパートを担当しています。

　本書により、健康的な働き方に向けた活動が活発になることを何より期待しております。

2018年11月

有限責任監査法人トーマツ

著者一同

目　次

PART 1　健康的な働き方を求める社会的背景

PART 2　健康的な働き方を目指して

PART 3

【STORY〜登場人物】

松田正平（43歳）　経営企画室長
新卒から管理部門に配属され、つい最近経営企画室長に抜擢された。仕事に対する思いが強く、周囲からの信頼も厚い。

加藤豊（55歳）　代表取締役社長
生え抜きの社長であり3代目。強烈なリーダーシップを取るというよりは、周囲の声を聴きながらバランス感覚をもって会社を引っ張っている。

西本進（51歳）　取締役専務執行役員
松田の上司。管理部門を管掌している。社長からの信頼も厚く、松田も尊敬している。安定感があり次期社長と期待されている。

川原和夫（56歳）　人事部長
大阪出身で関西弁が抜けない。何を言われても動じず、面の皮が厚いという評判で、現場からは恐れられている。

溝口大輔（43歳）　営業課長
松田と同期。入社以来営業一筋で、当社の営業マンとしては優秀モデルとなるような人材である。松田とは新卒の時から連絡を取り合っている仲である。

堀尾剛史（32歳）　経営企画主任
経営企画の若手ホープ。明るい性格で人懐っこく、松田も可愛がっている。運動が好きで学生時代はテニスをやっていたが、最近は少し肥満体型になってきた。

塚本理香（29歳）　営業主任
営業畑で主任に順調に昇進してきた。少し控えめな性格ではあるが、顧客からは「かゆいところに手が届く対応をしてくれる」と評価が高い。

PART 1

健康的な働き方を求める社会的背景

【STORY～プロローグ】

～専務・西本の独白～

　ようやく我が社にも働き方改革の波が押し寄せてきた。今の世の中の流れから無視するわけにはいかない。

　我が社の社員はとても真面目でよく働く者が多い。非常に頼もしく感謝している。とはいえ、懸念事項がないわけではない。自分のプライベートの時間をつぶしてでも上司や顧客の要求に応えようとする社員が多いのだ。上司からの指示に対する姿勢には「何が何でもやり通さなければ」という雰囲気がある。パワハラが起こっているとは思わないし、そんな指導をしたつもりも皆目ない。個々の意識が高いからこそその状況とも言えるが、ワークライフバランスの観点から見れば改善の余地ありと言える。また、受身な社員も多い。「自分たちで何かをしたい」「こんなことをさせてほしい」という提案が挙がってくることは極めてまれだ。

　全体的に「統制がとれた組織」と言えなくもなく、決して悪いことではないのだが、今の我が社の社員たちの働き方は、世の中に必ずしも合っていないのではないかと感じるようになった。

　各部署での残業問題も浮き彫りになりつつある。「法令違反の水準には至っていない」という報告を受けてはいるものの、専務という立場にいると、万が一のことを思うと心配にならざるを得ない。過労死などの健康問題も最近ニュースで耳にするようになった。我が社でそのような問題を絶対に起こしてはならないし、その対策には優先度を上げて取り組まねばならないと強く感じている。

　つい先日の役員会で、社長から「我が社でも働き方改革を断行する」という宣言があり、そのためには一定の投資も当然ながら考えているとのことだった。渡りに船とはまさにこのことだ。今こそ我が社でも働き方改革を実行すべきである。専務である私からも、そのような方針を全社に伝え、社長が本気であることをきちんと浸透させていかなければ。

　この改革を形だけのものにしてはならない──そのような使命感がふつふつと湧いてきた。

「おい、松田」

「はい専務、何でしょうか」

　西本専務からの声かけに、松田は「また思いつきの業務でも押し付けられるのか」と思いながら西本の席に歩み寄る。西本には「週末にいい方法を思いついた」と月曜日に部下に命令するクセがあると、松田は感じていた。

「ちょっと話がある、別室に来てくれないか」

「はい」

　いつもの雰囲気とは少し異なる西本の様子に不安を感じ、松田は最近の自分自身の行動を振り返った。ここ最近の自分に落ち度がなかったかを思い返しながら、西本を追って別室のミーティングルームに向かった。

　部屋に入ると、西本はいつにもなく真剣な表情で話を切り出した。

「実はな、我が社も働き方を変える取組みを進めていくことになった。先日の役員会で、社長が直々にそう宣言されたんだ。働き方を変えていくことだけにとどまらず、結果として社員が幸せに、健康に、人生を充実させていくような取組みにしたい、とおっしゃっていた」

「社員の人生に影響を及ぼすような取組みですか。なんとなく我が社とは無縁の話かと思っていましたが」

　松田は自分のことではなく内心少しほっとしながら西本の話に耳を傾けた。

「私もそう思っていたが、あの雰囲気だと、社長は本気だ。一定の投資をするとも言われていた。最近、各部署でも残業が多いという声を聞く。ウチは真面目な連中が多いが、その分、もっと効率的に仕事を進められる余地はあるのではないかと思うんだ」

「おっしゃるとおりです。確かにここのところ残業時間は増加傾向にあると人事部からも聞いています。世の中の流れに逆行しているし、そろそろ何か手を打たないといけないのではないかと考えていたところです」

「そうか、それなら話は早い。これは社内の一大プロジェクトになるぞ。プロジェクトは経営企画室長である君が中心になって進めてほしい。まずは今回のプロジェクトのゴールと、スケジュールのたたき台を作ってもらえないか。この1年間でどのように進めていくのか、効果はどのように測定するのかを考えてみてくれ。進捗状況は随時私に報告してほしい」

　私は松田正平、43歳の新米経営企画室長だ。「抜擢人事」という聞こえのよいものかは分からないが、つい最近、我が社では比較的若い年齢で室長に就任した。大学卒業後、この会社一筋で転職など考えたことはない。ここまでの道のりは、すべてが順調であったとは言わないが、大きな問題を起こすこともなく、それなりにスムーズに来たと言えるだろう。会社の方針や上司の言うことを忖度し、自分なりに考えて頑張ってきたつもりだ。

　これまでの私は、とにかく時間の許す限り仕事に没頭し、どこまで顧客や上司の要求に応えられるか考えながら仕事をしてきた。徹夜や自宅に仕事を持ち帰ることもしょっちゅうで、妻にもそれなりに迷惑をかけてきたと思う。とはいえ、我が社には休日を返上して会社で仕事をしている同僚や後輩たちも多く、皆で切磋琢磨しながら信頼関係を築き、仕事に勤しんでいたものである。深夜の会社帰りに仲間と一杯と引っ掛けるのも、一つの楽しみであった。

　さて、今しがた、西本専務から「社員の人生に影響を与えるような、働き方を変える取組みを推進せよ」との命を受けた。世の中では残業がさも悪者かのような扱いを受けているように感じるが、私自身は本当はどう感じているのだろうか。精神論を振りかざすつもりはないが、体育会系的な気持ちで仕事に没頭してきた私は、定時に帰る部下を見ると、「お疲れさま」と口では言いつつも、心の中では「おい、その程度の仕事で満足しているつもりなのか」と思う。また、休憩時間に部下が彼女の話をしている場面に遭遇すると、つい「お前、もっとやるべきことがあるだろう」と口を挟みたくなるのをぐっと我慢している自分がいるのである。

　今まで、仕事に没頭することが心身ともに充実した過ごし方であると考えてきた。上司からイヤミを言われて「なにくそ」と思い徹夜したり、無理がたたって身体を壊すこともあったが、それが自分自身の成長につながると考えてきた。今でもその考えに大きな変化はないのだが、今回の専務からの依頼を考えると、私自身が改めて、今の時代におけるあるべき働き方とはどのようなものかを学び直す必要がありそうだ。

1-1. 個人に応じた健康的な働き方の必要性

　なぜ、「健康的な働き方」が求められるようになったのでしょうか。また、そもそも「健康的に働く」のは当然実現されていなければならないものであるにもかかわらず、なぜこのテーマが今、改めて取り上げられるようになったのでしょうか。

　最近では、毎日のように「働き方改革」「ワークスタイル」「健康経営」などといったキーワードに関する情報が飛び交っており、新聞やニュースだけでなく、ブログやツイッターなど、これらの最新情報をキャッチアップするだけでも大変な状況です。この動きは、現在政府が力を入れている「働き方改革」が発端になっているようにも見えますが、特段今に始まった話ではありません。業界によっては長時間労働が当たり前のように横行していること、将来に向けた日本の労働力人口の減少していること、「非正規社員」と呼ばれる人員数が増加していることなど、これらはすべて以前から問題として指摘されていたことです。

　上記のような課題に加え、近年の精神疾患患者の増加や、依然として高い自殺率などを踏まえたときに、これからの日本における働かせ方・働き方はどうあるべきなのでしょうか。遅きに失している感は否めませんが、今、ようやくこの問題のパンドラの箱が開けられ、官民を挙げて取り組む機運が高まったと言えるのではないでしょうか。

　PART1では、この働き方を見直す必要性が高まってきた背景や必要性について、具体的に紐解きながら解説していくこととします。

1-2. 世界から見た日本の労働環境

1-2-1.　労働生産性

「日本の労働生産性が低い」という話は、今や初めて耳にするという人は少ないと思いますが、労働生産性の厳密な定義や具体的な数字を知ることなく、イメージだけで使われていることも少なくないのではないでしょうか。

　ここでは知識を整理する意味でも、改めて「労働生産性」とは何なのか、

どのように算出し、何を示唆するものなのかを確認していくこととします。

「労働生産性」の定義はいくつかありますが、中でも分かりやすく表現しているのは、「どれだけの労働力を投入して、どれだけの付加価値が得られたかを示すもの」というものです。一般的によく用いられる算定式としては、

労働生産性＝付加価値／労働投入量（労働者数、労働時間数など）

で表現されます。分母の労働量（労働者、労働時間）を投入し、分子である付加価値（売上高からその売上を上げるために外部から調達した商品やサービス等（≒他社が作った付加価値）を差し引いたもの）をどれほど獲得することができたのかを示すものとなっています。

「労働生産性が低い」ということは、労働者や労働時間を投入しているにもかかわらず、生まれてくる付加価値が小さいということを意味しています。高度成長期における日本は、労働量を投入すればするほど、より大きな付加価値を生み出し、発展を遂げることができていました。当時、「多大な労働量の投入」は、多くの勤勉な労働者が存在する日本のいわば勝ちパターンであったとも言えます。

しかし、近年のグローバル化の進展、IT環境の変化等に伴い、多大な労働力の投入だけで大きな成果を生み出すことは難しくなっています。ITツールを使った劇的な業務の効率化を背景に、必ずしも自分たちがすべてにおいて手を動かすのではなく、仕事を細分化し、クラウドソーシングを活用するなど、自分たちが注力すべきところに的を絞るという仕事の取組み方も定着しつつあります。にもかかわらず、高度成長期の働き方が染みついた日本の管理職層は、「残業をいとわず働いている＝頑張っている」という価値観から逃れられず、労働生産性を考えずに多大な労働量を投入するだけの働かせ方を、長年従業員に押し付けてきてしまったのではないでしょうか。その結果、世界各国と比較して労働生産性が低い現状となってしまったと考えられます。

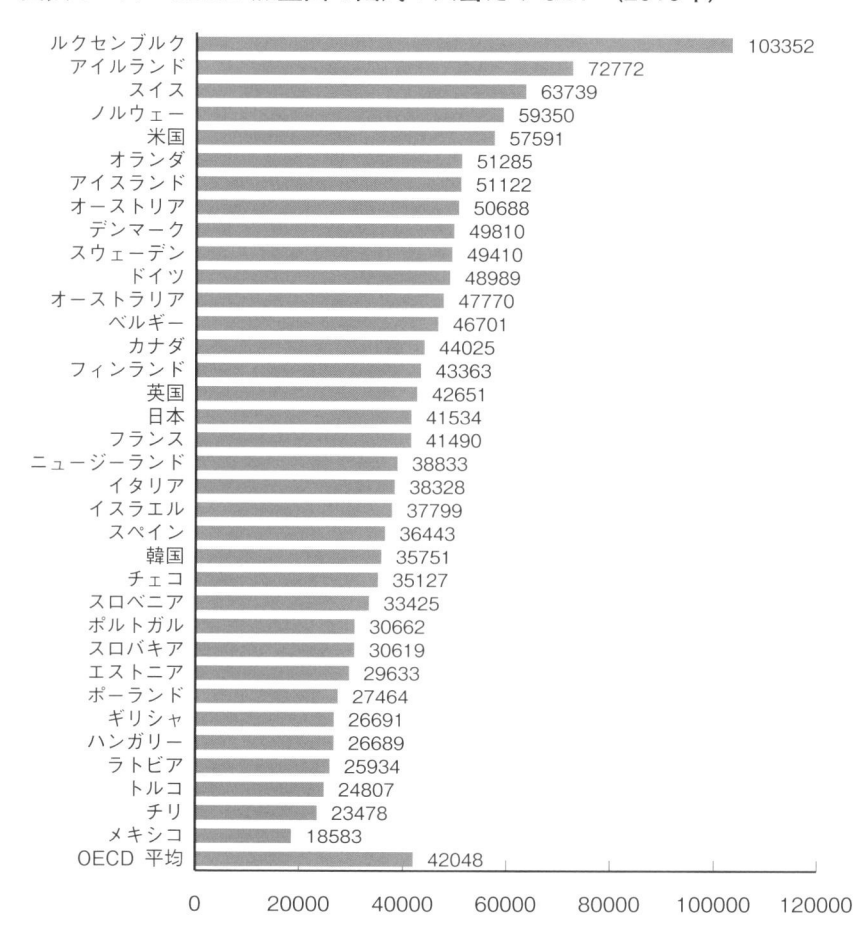

図表1-1. OECD加盟国の国民1人当たりGDP（2016年）

国名	値
ルクセンブルク	103352
アイルランド	72772
スイス	63739
ノルウェー	59350
米国	57591
オランダ	51285
アイスランド	51122
オーストリア	50688
デンマーク	49810
スウェーデン	49410
ドイツ	48989
オーストラリア	47770
ベルギー	46701
カナダ	44025
フィンランド	43363
英国	42651
日本	41534
フランス	41490
ニュージーランド	38833
イタリア	38328
イスラエル	37799
スペイン	36443
韓国	35751
チェコ	35127
スロベニア	33425
ポルトガル	30662
スロバキア	30619
エストニア	29633
ポーランド	27464
ギリシャ	26691
ハンガリー	26689
ラトビア	25934
トルコ	24807
チリ	23478
メキシコ	18583
OECD 平均	42048

0　20000　40000　60000　80000　100000　120000

出所：公益財団法人日本生産性本部「労働生産性の国際比較」（2017年版）付表（http://
www.jpc-net.jp/intl_comparison/intl_comparison_2017_data.pdf）付表3より作成

　図表1-1.は、OECD加盟国の国民一人当たりのGDPを示したものです。
これによると、日本は17位でOECDの平均値よりも低く、主要先進7か
国の中では最下位に位置付けられています。近年は若干の上昇傾向にあり
ますが、この上昇は付加価値の増加によるものではなく、人員削減や非正
規社員の活用などにより人件費をコントロールした結果によるものである
と考えられています。

現実の職場を思い浮かべてみましょう。10年前と比較して、職場環境はどのように変化してきたでしょうか。効率的に業務を進められるようになってきたでしょうか。周囲にいる社員の構成（正社員、パート、アルバイト、派遣社員など）に多少なりとも変化があるでしょうか。業務の一部が自動化されたり、ロボが介入したりしているでしょうか。

　日常業務の効率化はかなり進んでいると思われる一方で、さまざまな法規制の改正の影響により、生産性は高くはないものの、企業として行わなければならない業務がむしろ増えている場合もあります。

1-2-2.　長時間労働

　次に、長時間労働について見ていくこととします。昨今、長時間労働が問題視され、その改善に取り組んでいる企業を多く見かけます。自治体や病院、学校など、同様に対策を講じているところも少なくありません。ところが、「働き方改革＝長時間労働の削減」と定義して改善活動を行った結果、**長時間労働は現実に減ってきてはいるものの、そこで働く社員は必ずしも満足していない**状態であるという話をよく耳にします。あるいは、働き方改革の活動の中で残業申請を徹底させた結果、働き方改革の取組み以前よりも残業時間が増えてしまった（いわゆるサービス残業が顕在化した）という企業もあるようです。

　以下では、そのような実態を踏まえ、労働時間がどのような仕組みで成り立っており、今何が問題になっているのかを、改めて確認していくこととします。

　現行の労働基準法において、原則として法定労働時間は「1日8時間以内、1週間40時間以内」と定められていますが、同法第36条に基づくいわゆる「36（サブロク）協定」を労使間で締結することにより、例外として時間外労働や休日労働が可能となる仕組みになっています。その他にも、変形労働時間制、最近新たに見直す企業が増えてきたフレックスタイム制、適用範囲の見直しが議論されている裁量労働制などが労働時間に関する仕組みとして存在しています。

　厚生労働省による「過労死等防止対策白書」によると、近年の労働時間は減少傾向にあり、週に60時間以上働いている労働者は減少傾向にある

ようです。その背景として、パートタイム労働者の増加が挙げられています（図表1-2.1-3）。とはいえ、業種によってはまだ依然として今後も企業努力が必要と考えざるを得ないものも見受けられます。

図表1-2. 就業形態別総実労働時間およびパートタイム労働者比率の推移

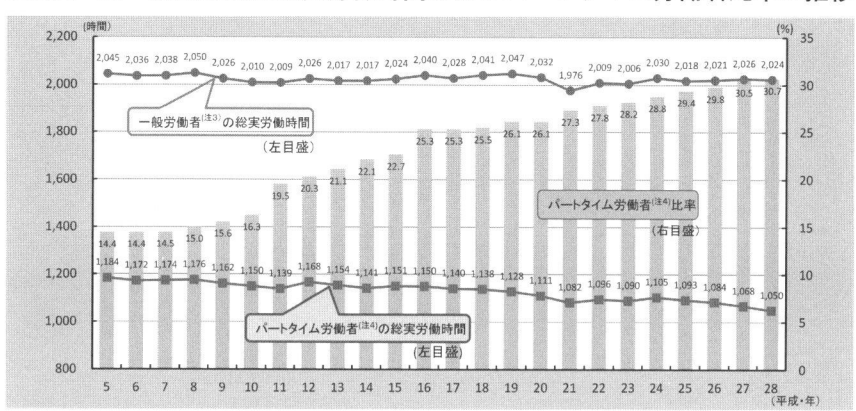

出所：厚生労働省「毎月勤労統計調査」
（注）
1．事業所規模5人以上
2．就業形態別総実労働時間の年換算値については、各月間平均値を12倍し、小数点以下第1位を四捨五入したもの。
3．一般労働者：「常用労働者」のうち、「パートタイム労働者」以外の者。なお、「常用労働者」とは、事業所に使用され給与を支払われる労働者（船員法の船員を除く）のうち、
　　①期間を定めずに、又は1か月を超える期間を定めて雇われている者
　　②日々又は1か月以内の期間を定めて雇われている者のうち、調査期間の前2か月にそれぞれ18日以上雇い入れられた者のいずれかに該当する者のことをいう。
4．パートタイム労働者：「常用労働者」のうち、
　　①1日の所定労働時間が一般の労働者より短い者
　　②1日の所定労働時間が一般の労働者と同じで1週の所定労働日数が一般の労働者よりも短い者

図表１‐３．　月末１週間の労働時間が60時間以上の雇用者の割合

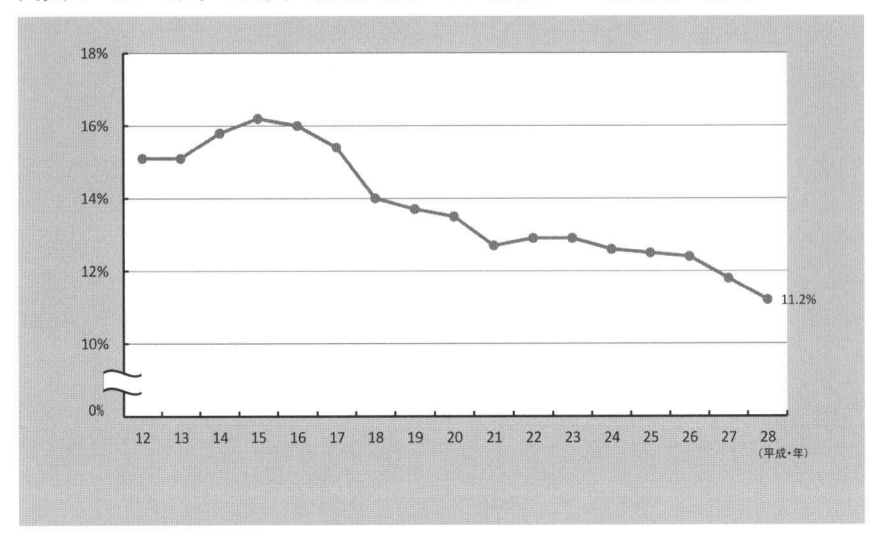

出所：総務省「労働力調査」（平成23年は岩手県、宮城県および福島県を除く）
（注）非農林業雇用者について作成したもの

　海外との比較（図表１‐４）を見ると、より日本の状況が明らかになります。一見すると「ようやく米国やイタリアに追いついてきた」と感じますが、見方を変えると、「35年もの時間をかけても、まだ30年前のドイツやフランスに追いついたに過ぎない」と見ることもできます。いずれにしても、諸外国の労働者にとって日本の労働時間は、「過酷」とまではいかずとも、まだ「長時間労働が必要とされる職場である」と思われても仕方がない状況であると言えそうです。

図表1-4. 1人当たり平均年間総実労働時間

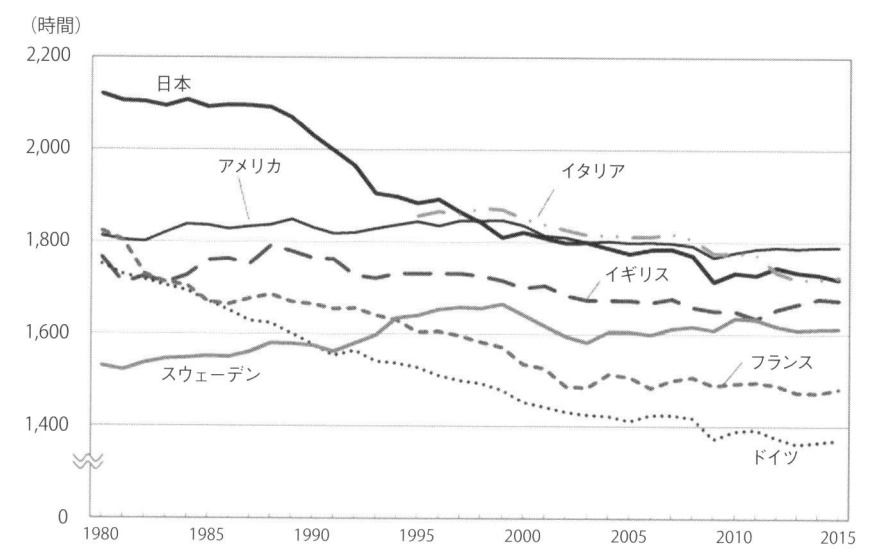

出所：独立行政法人労働政策研究・研修機構「データブック国際労働比較2017」（2017年3月30日）6-1（http://www.jil.go.jp/kokunai/statistics/databook/2017/06/p201_6-1.pdf）

1-2-3. 休暇・休日

　最近、「働き方改革は休み方改革だ」といったことも言われるようになってきました。「日本人は休み方がうまくない」という話もよく耳にします。もちろん「休み方」も重要ですが、その前提として、まず企業に対し、年次有給休暇を取得しやすい職場環境の整備が求められます。では、実際の日本における休日の取得状況はどうなっているのでしょうか。

　厚生労働省の調査によると、2015（平成27）年の1年間の年次有給休暇の取得日数は8.8日、取得率は48.7％になっています。筆者の個人的な感覚では、それほど低い数字ではないような印象を受けますが、海外と比較すると、米国、フランス、シンガポールなどは軒並み80％を超え、隣国である韓国でも70％近い数値になっています。100％取得するのが当然の国も存在していることからも、日本の年次有給休暇の取得率がいかに低いかがわかります。

　一方、日本の休日の特徴として、祝日が多いことが挙げられます。日本における祝日数は1年間で約15〜20日程度ですが、諸外国では10日もあ

れば多い方です（図表1-5.1-6）。このため、**実質的に休日を取得している日数は、海外と比較しても遜色ない**ものとなっています。

図表1-5.1-6. 世界各国における祝日数、有給休暇比較

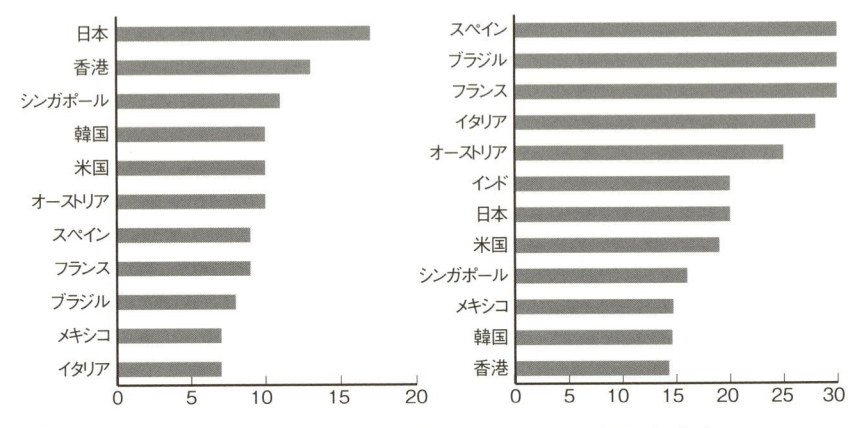

出所：プレジデントオンライン「祝祭日数世界1位！日本人は休みすぎ!?」（http://president.jp/articles/-/21927）内の図より作成

　休日数が海外と比較してそれほど大きく変わらないのであれば、休日の与え方・取得の仕方や休日の過ごし方に差異があると考えることができます。海外では、休日をまとめて取得し、長期旅行に出かけることも少なくありません。何もしない贅沢を味わい、心も身体もリフレッシュして新たな仕事に臨むといったスタイルも多く見られます。一方、日本では細切れに休日を取得する傾向が強いため、大型連休などを利用したとしても、数日間の帰省や近隣に小旅行に行くのが精一杯というケースも多いのではないでしょうか。しかも、こうした大型連休や夏季休暇は多くの業種・職種において全国一斉に休日になるため、どこに行っても混雑し、リフレッシュどころか疲れが取れない（むしろいつもよりも疲れが溜まる）まま勤務日を迎える労働者も少なくありません。また、モバイル環境が整備され、自宅での作業が何ら不自由なくできるようになったため、例えば大型連休が終わる一日前にはメール処理などの仕事を自宅で数時間かけて行うこともしばしば見られる光景です。

4. 仕事の仕方、させ方

　労働生産性はもちろんのこととして、長時間労働、休暇・休日とともに、仕事そのものへの取組みは、健康的な働き方を語る上での本質的な論点の一つであると考えられます。健康的に働く社員と、メンタル不調を訴える社員は、必ずしも労働時間や労働生産性の違いだけでは語れません。「望ましい」とは言い切れませんが、過酷な長時間労働であっても、その仕事に没頭し、前向きに意欲を持って働いている社員——肉体的には過酷であっても、精神的に充実している労働者——がまだまだ多く存在しているのも事実です。

　まず、メンタル不調の労働者について考えてみましょう。この労働者層は、肉体的に過酷であろうとなかろうと、本人のやる気は万全な状態にはなり得ません。メンタル不調の原因は、上司や同僚との人間関係によるもの、ハラスメント（パワハラ、セクハラ、マタハラなど）によるもの、本人の仕事に対する意識的なもの（仕事をやらされ感でこなしているなど）など、さまざまです。このような要因によりやる気がなくなってしまうと、身体は健康であっても労働の投入量は絶対的に少なくなってしまうでしょうし、時間をかけていても、能率が悪く、生産性が低い状態になってしまいます。

　次に、メンタルには問題ないものの、過酷な労働環境にいる労働者層を考えてみましょう。この労働者層は、ストレスを感じずに仕事をしており、一見特に問題ないように見えます。ストレスチェックを行っても「問題なし」との結果となるでしょう。いわゆる、「ワークエンゲージメント（仕事に対して熱意をもって没頭して取り組んでいる状態）が高い状態」であると言えます。しかし、この層の働き方が周囲に及ぼす影響——特にこの層が上司になったときの下位者への影響——までを総合的に考える必要があります。

「上司が帰らないから無駄で意味のない残業をせざるを得ない」「夜中や休日にも上司からメールが飛んでくるので対応せざるを得ない」といったことは、日本特有の職場慣行として、日常的に見られる光景ではないでしょうか。先程の「ワークエンゲージメントが高い」労働者層が上司になると、本人は仕事に没頭しているため、周りが見えていないことが多くあ

ります。**本人は部下たちがどれだけ気遣って無駄な残業をしているのかに気付けない**のです。このような例は、長時間労働や休日労働を「無意識的に」部下に強いている状態と言えるでしょう。

　一方、パワハラに近いような強制力の強いマネジメントを行っている上司がいる職場はどうでしょうか。そのような職場の部下たちは精神的に不安定になりがちであり、偶然決定される人事異動だけを期待し、ある種の諦めを感じながら、ただ目の前の仕事を不満も言わずやり過ごすという社員が少なからず存在します。中には、そのハラスメントの対象になってしまうこともあり得ます。

　「仕事の取り組ませ方」も非常に重要です。「目標管理制度などを通じて、少し上の目標を設定させ、動機付けを行って頑張らせるのが大事」という話はよく聞かれることがあると思います。本当にそれを実行できていれば素晴らしいのですが、実際には、日常業務に追われ、部下のモチベーションや成長を意識したマネジメントができていない上司を多く見かけます。

　目の前にある山積みの仕事をひたすらにこなすことで鍛えられる時期（特に若手社員や、経験の浅い社員に対して）はあるかもしれませんが、ちょっとした工夫による仕事の質の向上や新しい仕事への挑戦など、成長するために中長期的に進めなければならない仕事に取り組めるような職場環境を作っていく必要があります。そのためにも、特に上位者自身が部下の成長を意識したマネジメントの必要性に気付き、上位者自身の仕事の仕方や、部下への仕事のさせ方について見直さなければなりません。

　「仕事の仕方」や「させ方」の重要性をうたっている上位者ほど自分自身の自覚に乏しいというケースが見られます。ふと立ち止まって自社の現状を顧みる必要があるでしょう。

1-3. 多様化する労働者意識やワークスタイル

1-3-1.　多様化する労働者の価値観

　繰り返しになりますが、最近特に若年層を中心に価値観が変化し多様化してきています。例えば、フリーランスの人数の推移を見ると、直近では停滞気味にはなってきているものの、ここ数年間を見ると人数が増加して

いることが分かります（図表1-7）。ここから、私たちは何を読み解くべきなのでしょうか。

図表1-7. 日本におけるフリーランスの人数推移

	2015年	2016年	2017年	2018年
フリーランス人数	913万人	1,064万人	1,122万人	1,119万人

出所：ランサーズ株式会社「フリーランス実態調査」より

　高度成長期は、日本全体が成長していく中で世の中に新しいものがどんどんあふれ出てきているような時代でした。社員は「テレビを購入する」あるいは「よい車を購入する」「マイホームを購入する」といったことを目的として毎日の労働に当たり、その対価としての給与を手にしました。この時代のモチベーターは比較的単純で、給与が上がっていくことで生活がよくなっていくため、物欲を満たすことによりモチベーションを上げることができていました。

　しかし、現代ではコンビニなどのインフラが整備され、既に誰もが一定水準の生活ができるようになってきました。多少給与が上がったところで生活水準は大きく変化するものではないため、「モノ」ではなく「コト」に対して消費する傾向も強くなってきています。このようにモチベーターが多様化する中にあっては、**「給与が上がること」が「強い動機付け」とはなり得ない場合もある**ということを認識しておく必要があります。

　また、こうした価値観の変化は、雇用の環境がこれまでの年功主義から成果主義に移行したことも一つの要因と考えられます。終身雇用が前提であった時代には、将来の給与が増えていくことが具体的に期待できていたため、住宅ローンを組みマイホームを購入するなど、中長期的な消費支出の計画も立てやすい環境にありました。しかし、現代はより強く成果が問われ、成果を創出できなければリストラ対象にもなりかねません。さらにAIの台頭は、これまで蓄積してきた経験やスキルなどの価値を不透明にしています。このような状況にあっては、労働者は将来的な給与の増加を期待するどころか現状維持で精一杯となり、多額の消費を行いにくくなっ

てしまいます。

　こうなると、会社の中で昇格・昇進を目指して、今まで以上に高い給与をもらいたいという動機が働きにくくなります。「そこそこの給与でよいので、一定水準の生活が担保される中で自分自身の時間を持ちたい」「やりたいこと（スポーツや趣味など）を見つけて生活していきたい」という動機で働く人も少なくありませんし、最近は「課長になりたくない」「役職につきたくない」という新入社員も増えています。「誰も課長になりたがらず、昇格試験を希望する人材がいないために、任用する仕組みに変えた」という組織も実際に存在します。会社としては、出世欲の有無が二極化していることをある意味「仕方ないもの」として受け入れ、そのような**多様化した価値観を持つ社員たちをどのようにマネジメントしていくのか**を考えなければなりません。今の会社には、昇格や昇進への動機付けを無理強いするのではなく、仕事そのものに対する面白さや熱中できるような環境を提供していくことが強く求められているのです。

1-3-2.　キャリア形成の変化

　このように社員の価値観が多様化している中で、社員個々人はどのようにキャリアを形成していくのでしょうか。また、企業はそのキャリア形成にどのように向き合ってサポートしていくのでしょうか。これは非常に重く難しいテーマです。

　従来の終身雇用制（あるいはそれに近い形での雇用）にあっては、会社（人事部など）がキャリアを十分とは言わないまでも考えてくれていました。社員個々人は、社内でどのような経験を積み、どのように昇格昇進していくのかを「何となく」考えていればよく、「人事異動」という上からの采配により、自律的というより自動的にキャリアが形成されていたのです。

　しかし、デジタル革命の真っただ中の現在にあっては、AI の進化がどのような仕事を淘汰し、労働者はどのような形で働き続けることができるのかは見えにくい状態です。会社にとっても同様で、現在の業界がどのように変化するのかが不透明な中にあっては、自社がどのような方向に向かえばよいか、そして社員個々人のキャリアの責任をどう持つべきかの見通しが難しくなってきています。最近では、比較的安価な人材情報システム

も普及し始めており、社員個々人のキャリアを検討したり適材適所を実現するための異動を行いやすくなっている一面もありますが、どこまで効果的に活用されているのかは疑問が残るところです。

こうした激流の中にあっては、「会社が面倒を見てくれる」という意識ではなく、**社員個々人が自律的にキャリア形成を行わなければなりません**。会社は一つの通過点に過ぎず、終身雇用は望むものでも望まれるものでもありません。一方で、会社も、本気で社員のことを考えるのであれば、自社内にとどまらず、社外への人材配置も含め、社員のキャリア形成にとって有用な情報を提供できるようになる必要があるのかもしれません。

会社は、改めて自社における人材マネジメントのあり方を検討し、社員にどのようなキャリアを積んでいってもらうのかを検討する必要があります。短期雇用の人材であればどのように活用し、どのような経験を積んでもらうのか。長期雇用を想定している人材であればどのようなキャリアを描かせ、将来会社を担っていけるようどう育てていくのか。そして、シニア層にはどのような場で、またどのようなポジションで活躍してほしいのか――こういった改革を真面目に検討し、実践・発信することは、優秀な人材が集まることにつながります。

1-3-3. 現代人の仕事観と新たなワークスタイル

かつて「ノマドワーカー」という単語が流行しました。「ノマド」は「遊牧民」という意味で、要は、喫茶店などを活用しながら、あらゆるところで仕事を片付けていく労働者のことを指します。喫茶店（今や「カフェ」というのが一般的かもしれませんが）というと、以前はビジネスマンの喫煙場所であったり、営業マンが訪問先に行くまでの時間潰しの場所というイメージがありましたが、最近ではその風景もすっかり変化してきました。禁煙のコーヒーショップで仕事をしているビジネスマンを見かけることも珍しくなく、移動中の新幹線で資料を作成している姿も一般的に見られます。

今や「会社でなければ仕事ができない」という時代ではありません。好きな時に好きな場所で働けるよう、社内ルールを整備していく必要があります。

1-3-4. 良い労働環境とは何か

　これまで見てきた日本の職場における雰囲気、働き方の慣行や、その結果としての低い労働生産性などに鑑みると、「魅力的である」とは言い難い職場がまだまだ存在するのが実状です。これまでは、「よい大学」を出て、大企業を中心とした「よい会社」に入社し、そこで定年まで働くことが一つの幸せの形として捉えられてきました。今もそのように考える人も少なくないでしょう。しかし、最近の優秀な若年層は、必ずしも大企業や有名企業で働くことに魅力を感じてはおらず、ベンチャーを起業したり、フリーランスで自分のやりたい仕事を好きなように進めるという人も少なくありません。こうした人々は、現在の日本の大企業や有名企業における職場環境と自分たちの価値観にギャップを感じているのです。

　いつの時代も、「最近の若者は自主性がない」「受身社員が多い」「何を考えているのか分からない」といった中堅層以上の社員の声をよく聞きます。しかしそれは、特に最近は正しい見方ではないのかもしれません。過去からの慣行として当然と思われ続けてきた「日本人の幸せ社会人モデル」が既に崩壊していることに気付いていないのは、大企業にしがみついている中堅層以上の人間なのかもしれません。

　では、「よい労働環境」「よい職場」とはどのようなものを言うのでしょうか。ここまでの議論から考えると、「労働生産性が高く、長時間労働も是正されている職場」となりますが、これは非常に難易度が高いと考えられます。なぜなら、**今よりも労働人口が減少し労働力を確保しにくい環境の中で、労働時間を減らして生産性を向上させなければならない**からです。

　企業にとって、人材は重要な経営資源です。AI などの普及により、「仕事がなくなるかもしれない」といった議論はありますが、「人がいなくてよい」ということではありません。劇的な環境変化があってもそこで生き延びて成長し続けていくためには、やはり優秀な人材が必要です。生産性を向上させる施策を考えるのは人材なのです。

　そう考えていくと、詰まるところ、目指すべきは「**優秀な人材を確保し続けることができる労働環境・職場を作り上げること**」だと筆者は考えます。社員が働きやすい労働環境を整備しても、優秀でない人材ばかりが残

るようでは会社として生き残っていくことはできません。今、「働き方改革」という動きがある中で、そのような目的をもって施策を講じている会社はどれほど存在するのでしょうか。せっかく考えた施策が、**必ずしも優秀ではない社員（自分で稼げない、転職できない社員）の身を安泰にさせるものであっては本末転倒**です。そういった意味では、一部の人材にとっては厳しい施策を考えていくことにもなるでしょう。

　もちろん、過度な長時間労働やパワハラが蔓延しているような職場、労働生産性が低すぎて賞与も満足に支給されないような職場は論外です。「優秀な社員が、やりがいのある仕事を、優秀な他の人材とやりたいようにできる、社員自身の成長につながり、それでいて給与も（そこそこ）高くもらうことができる職場」、つまり「優秀な人材が、肉体的にも、精神的にも健康的な働き方ができる職場」こそが「魅力ある職場」と言えるのではないでしょうか。

　近年の労働市場のトレンドは、求職者の売り手市場となっています。

　総務省の統計によると、2010年以降、完全失業率は前年度と比べて徐々に下がってきています（図表1-8）。

図表1-8．完全失業率および就業者の対前年増減の推移

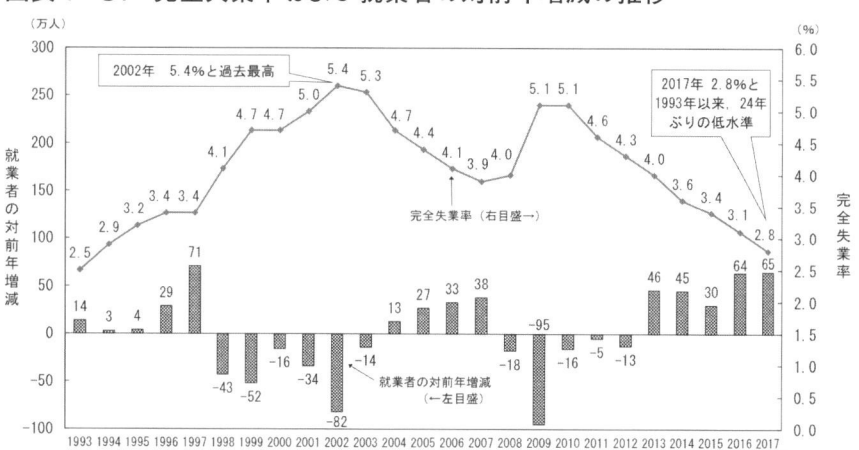

出所：総務省統計局「労働力調査（基本集計）平成29年（2017年）平均（速報）結果の要約」

図表にはありませんが、直近の2018年度に入ってからも、毎月のように完全失業率は下がってきています。

　また、労働政策研究・研修機構の調査では、2018年第1四半期時点で、有効求人倍率が1.59倍となっており、好況な様子が分かります。こちらの有効求人倍率も近年上昇し続けていることが図表1-9から分かります。

　採用する側である企業の視点では、このような状況を踏まえて、どのように考えていくことが重要でしょうか。

　我が国の状況としては、労働市場に活気があることはうれしいことかもしれません。一方、企業などの組織側、特に採用や人事を担当する部門の側からすると、求職者の売り手市場が続くということは、自社で採用できる人員の選択肢が減ることや、優秀な人材が、より労働環境の良い競合他社への転職する動機が増える原因にもなりますから、決して喜んでばかりもいられないことでしょう。

　本書は、働き方について述べているものであり、働き方を改善するという視点では、まさに今、自社の優秀な社員を逃さないように、皆がいきいきと働ける環境を整えることが重要になってきていると言えます。

　せっかく研修費を投入して育てた人材が、例えば給与を含めた待遇面で、他社に引き抜かれる、ということにならないようにするためには、単にスキルアップしてもらうだけでなく、職場に継続して居続けてもらえるような環境づくりが必要になります。健康的に働いてもらえる職場である、ということは、その職場の魅力につながります。

　外国語の習得や技術の向上であれば、組織的な指導や研修が、自信の能力向上につながったと考えることはたやすいでしょう。一方、社員自身が健康的に働くことができていることが、組織の取組みのおかげであると気付きにくいこともあります。従業員が、組織に対してロイヤリティーをもてるように、「健康的に働くことを支援している」ことをきちんと社員にもアピールしていくことが、組織に必要なことと言えます。

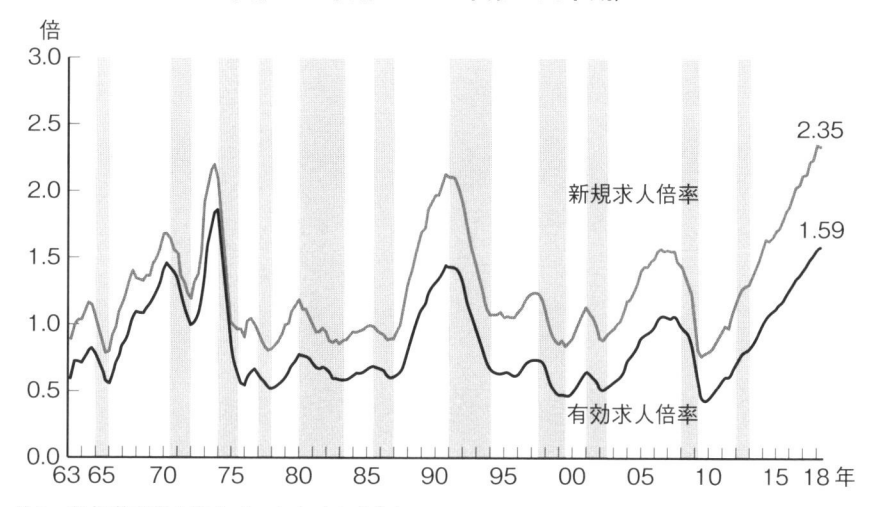

図表1-9. 有効求人倍率、新規求人倍率（四半期平均、季節調整値
1963年第1四半期～2018年第1四半期）

注1　新規学卒者を除きパートタイムを含む
注2　1973年から沖縄を含む
注3　四半期平均
注4　図中、灰色の期間は、景気の下降局面（山から谷）である

出所：独立行政法人労働政策研究・研修機構ウェブサイトより
　　　http://www.jil.go.jp/kokunai/statistics/timeseries/html/g0214.html

　松田は西本との別室での密談の後、自席に戻り、「働き方」「残業」「休日の過ごし方」などの関連する単語を検索したところ、最近のニュースやブログが数多くヒットした。ニュースだけでもとてもではないが読み切れる量ではない。そこで、松田は重要そうな記事から数珠つなぎに情報収集を行った。これまで何となく把握していた情報の一つひとつが関係性を持つ線となり、全体像がぼんやりと見えてくるような感覚を覚えた。自分自身で意図的に情報収集を行ったときに得られる情報量の膨大さに驚かされると同時に、ネット社会の脅威を改めて感じざるを得なかった。

　こうして松田は、短時間でこれまでの労働環境の歴史や、今なぜ働き方改革が求められているのか、その背景を大まかながらに理解するとともに、自社の働き方も変えていかなければならないということも理解した。ただ一方で、まだ自分の事としては捉えきれていない自分もいた。定時に職場を出ていく自分の姿を具体的に思い描けないのである。

「なぜ"そうしなければならない"と本気で考えることができないのか」「自分自身が本気で"そうしたい"と思っていないのではないか」「どうすれば、そう思えるようになるのか」——そんなことを考えながら、少し周りの人間にも意見を聞いてみようと考えた。

「室長、お呼びでしょうか」

「堀尾君、ちょっと意見を聞かせてもらいたいんだが、大丈夫かな」

　堀尾は、松田のデスクの横に立って快く応じた。

　堀尾は松田の部下で、都内でもエリートの高校・大学出身、仕事が早くて何でもソツなくこなす優秀な人材である。またハードワーカーでもあり、残業に深夜まで付き合ってくれる、いわば右腕のような存在である。少しぶっきらぼうなところもあるが、人懐っこい性格がその短所を消し去っているようにも見える。

「堀尾君は仕事を早く終えて早く帰りたいと思うか？」

「そりゃ、早く帰れるんだったら帰りたいと思いますよ。私だって色々やりたいことありますし。室長だってそう思われるでしょう？」

「"色々やりたいこと"って何だ？」

「そうですね、学生時代にテニスやっていたので、テニススクールにも行きたいですし、テニスじゃなくてもジムにでも行って気持ちのいい汗をかくのもいいですね。ビジネススクールでのキャリアアップも考えたいし、家で子供の面倒も見たいし……やりたいことはたくさんありますよ。もちろん、お金も必要ですけどね」

「なるほど、盛りだくさんだな。そうすると、毎日かなりのハードワークで残業もたくさんしてもらっているわけだが、不満というか、消化不良のところもあるのか？」

「そんなことはないですよ。残業代もちゃんともらえていますから。何より室長と一緒に仕事をさせていただいていますし、とても充実しています」

そう言うと、堀尾は少しいたずらっぽく笑った。

「おべんちゃらはいらんぞ」

「はは。でも本当に仕事に不満はないですよ。ただ正直なところ、もうちょっとプライベートな時間があってもいいかなとは思います。…ところで、なぜそんなことお聞きになるんですか？」

「オレ自身、あまりそういった意識がなくてな」

「早く帰りたいと思わないってことですか？……室長はワーカホリックですからね。"室長仕事やりすぎ"って、みんな言ってますよ。分かっていらっしゃるとは思いますけど」

松田は堀尾の意見を聞きながら、そういえば自分自身には趣味らしい趣味がないことに今更ながら気づくとともに、「やりたいこと」のある堀尾をうらやましく思った。

確かに、堀尾のように仕事以外に「やりたいこと」があれば、早く帰ることへのインセンティブが高まるだろう。新しくチャレンジできることもあるかもしれない。インターネット上の情報にあった働き方改革を実現したある経営者の体験談では、社長自身が早く帰ることによって、新たな情報を収集する機会が増え、それを仕事に活用することができるという、非常に良いサイクルが回り始めたとあった。何より、自分が「いない」ことで周囲が自覚を持ち、部下もそれまで以上に早期に育成できたともあった。そして、家族との時間も増え、子供も喜んでくれたとも——そこにはメリットばかりだった。家族との時間を

犠牲にしているつもりはなかったが、結果としてそうなってしまっている事実に松田は少し反省した。同時に、自分にもし仕事以外で何か取組みを始めるなら何がよいのかを、改めて自問自答しはじめていた。

　松田は会社帰りに少し本屋に立ち寄ってみることにした。若い頃から悩みや考え事があるときには、少しでもヒントを得るために立ち読みをするのが彼の習慣であった。普段はビジネス書ばかりを見ていたが、今日は少し違う本を物色してみたくなった。

　いつも通り過ぎるだけの書棚では、ゴルフや自動車、ワイン、旅行、グルメなど、さまざまな趣味に関する雑誌や実用書などが目に飛び込んできた。特に興味を惹かれるものはなかったものの、何も世間のことを知らない自分を痛感した。

　これまで、特に趣味を持ちたいとは思っていなかったし、必要性も感じていなかった。自分が引退した後なんて考えたこともなかったが、果たして引退後、自分は何をしていくのだろうか。生涯現役なんてことは、微塵も思ってもいない。できれば何かを楽しみながら第二の人生を送りたいと思う。——でも、何をして楽しむのだろうか。そもそも、65歳、あるいは70歳の自分は、健康的な身体で趣味を楽しむことができるのだろうか——。ふとそんな思いがよぎり、本屋のガラスに映った、少しメタボ気味の自分の体型を見つめた。

　今は43歳。ビジネスマンとして、ちょうど折り返し地点を迎えたところだ。「あと半分」という意識をしたことがなかったが、加齢とともに体力も落ちてくるだろう。そんな中で、若者に負けずに、最新情報をキャッチアップしながら世の中で活躍できるビジネスマンとして最後まで泳ぎ切ることができるのだろうか。ふと松田は、一抹の不安を覚えた。

　趣味を持つことは自分の人生を充実させる上で重要だ。しかし、まず大前提として、健康が維持されていなければ何もできない。政府も「健康経営」を勧めている。自分たちはがむしゃらに働くことが美徳だと思っていたし、今もその思いを完全に捨て切れてはいないものの、一方では身体や心を壊してしまっては意味がないという思いも、今回のことで強くなってきた。最近では、世界でも日本のビジネスマンの睡眠時間の短さが問題視されていると聞く。会社には今、自社で働く社員のことを考え、彼らに健康的に働いてもらえる環境を作っ

ていくことが求められているのではないか。

「そういえば、堀尾もテニスやジムに行きたいと言っていたな」

　気持ちを新たにした松田は、今度はいつものビジネス書の書棚で健康経営に関する本を物色しはじめた。

1-4. 健康経営とその背景

1-4-1. 健康的な働き方の発端（ヘルシーカンパニーとは）

「健康経営」の話をする前に、健康的な働き方の歴史を紐解いてみましょう。1980年代に、米国の経営心理学者、ロバート・ローゼン（Robert H. Rosen）氏が「**健康な従業員こそが収益性の高い会社をつくる**」という思想を提唱したことが発端です（1992年には、その思想をまとめた『The Healthy Company』が出版されています）。医療保険制度や雇用形態などがまったく異なる米国の概念が、社会保険制度が導入され、終身雇用が中心であった日本で今注目されていることを不思議に思う方も多いのではないでしょうか。

　社会保険制度が完備されていない米国では、病気になると高額な医療費を負担しなければなりません。そのため、従来から疾病の重症化予防や早期治療への理解や個人のヘルスリテラシーが形成されています。また一方で、米国では企業が従業員の医療費負担をしているケースが多く、その費用負担の高騰を抑制するために、疾病の重症化予防や早期治療に早くから着手しているところも多くありました。ところが、近年の医療費高騰が経営を圧迫したため、従業員個人に医療費を負担させる仕組みに切り替え、自己管理を徹底させる施策を試みましたが、従業員に「健康」に対する意識の醸成を促すには不十分で、どの施策も成果を上げることができませんでした。結局、企業は従業員の健康よりも自社の業績を重視したため、多くの従業員は長時間勤務や高ストレス環境での労働を強いられることとなり、睡眠時間や充分な食事時間を確保できずに健康を害してしまうケースが増えてしまいました。

　この状況を打破するために企業がたどり着いた結論が、「企業が積極的に不健康従業員の生活習慣に関与し、肥満など生活習慣病の予防を促す」というものです。健康改善には長時間有することが多く、短期的な取組みでは有期雇用形態が中心の従業員の健康を改善することは難しいため、従業員の健康維持向上と働き甲斐やモチベーションなどを総合的に向上していくことが必要だと考えたのです。

　この「ヘルシーカンパニー」の概念では、「従業員の医療費負担」「不健

康な生活習慣への関与」「肥満など生活習慣病の予防」といった施策に関する費用をすべて「投資」と考えます。健康な従業員が働くことによって生産性が上がり、業績向上にもつながるからです。**費用対効果は、米国での実証事例では投資「1」に対しリターンが「3」とも言われ、企業側に大きなメリットがあることが示されています。**さらに、従業員の病気への不安減少に加え、仕事へのモチベーションが向上するなど、労働環境の改善につながっています。一部の企業では、健康管理プログラム、健康プログラムを整備するだけでなく、オフィス環境の改善やフィットネス施設の併設などを行った例もありますが、そのような大きな投資であっても、医療費が高い米国では費用対効果があると言われています。

　なお、各健康管理プログラムで着実に効果を上げる企業は「**エクセレントカンパニー**」として社内外の評価も向上し、株価上昇、離職率の低減、学生の人気度も高くなるという好循環を生み出すため、今や米国企業にとって**革新的経営モデル**となっています。

　従業員の健康に企業が投資し、疾病予防・医療費抑制により生産性向上につなげ、自社をより収益性の高い会社とすることが「**ヘルシーカンパニー**」の目標です。

ヘルシーカンパニーの思想

『ヘルシーカンパニー』

✔ 1980年代に米国の経営心理学者のロバート・H・ローゼン氏が『健康な従業員こそが収益性の高い会社をつくる』という思想を提唱

✔ 現在、注目を浴びている健康経営の考え方の基となった

以来、多くの取組みがされてきたが、
継続的な取組みとして定着したものはない

健康経営が企業の経営戦略のスタンダードに

出所：トーマツにて作成

図表 1-10. 労働政策に関する国内の動き

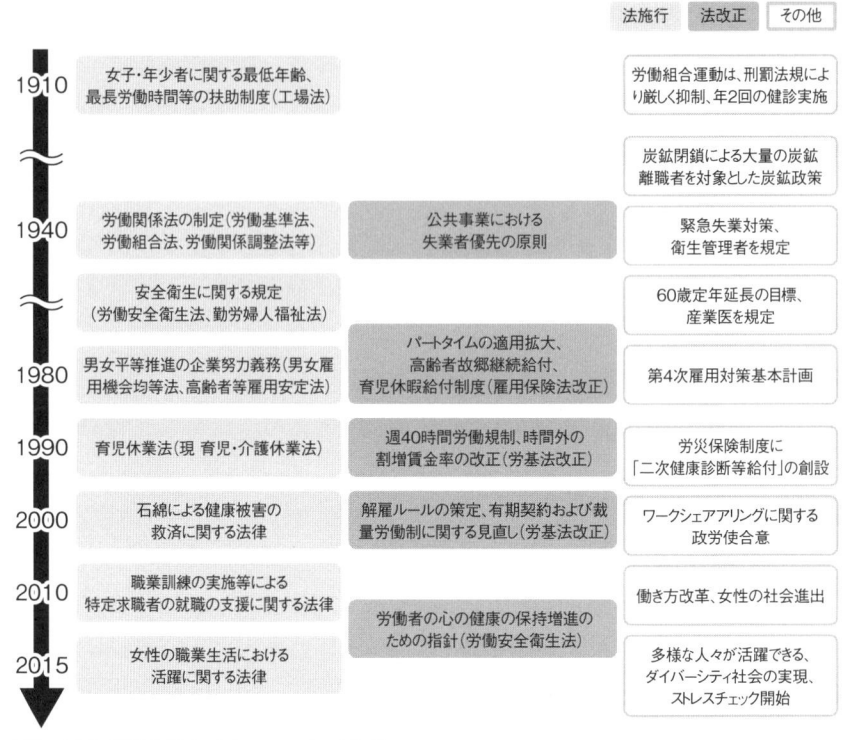

出所：厚生労働白書よりトーマツにて作成

1-5. 各省庁での施策

1-5-1. 各省庁での取組み

　このように、従業員の健康維持について企業の取組みが必要不可欠とされる中、日本の各省庁はどのような施策で企業の取組みを後押ししてきたのでしょうか（大まかな国内の動向は図表1-10. 1-11を参照）。旧労働省での施策も含め、以下で紹介したいと思います。

1-5-2. 旧労働省の政策動向

　労働者の働き方や健康管理が政策的に考慮されるようになってきたのは、いつ頃からでしょうか。

　労働者の健康管理等の法律の歴史は、1911年の工場法制定から始まり

図表1-11. 健康経営に関する国内の動き

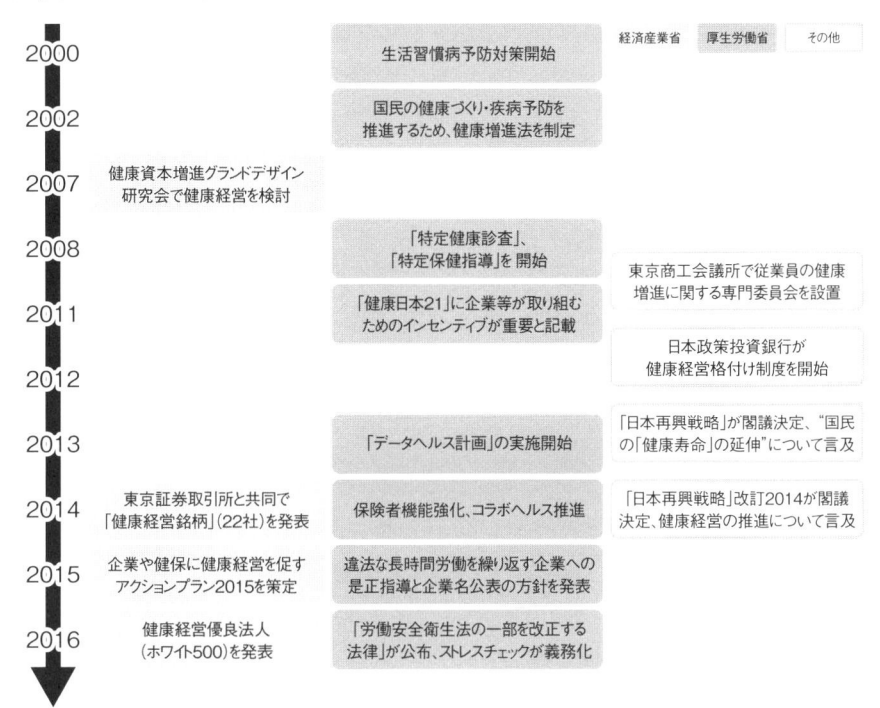

出所：厚生労働白書よりトーマツにて作成

ました。工場法は、当初、女子・年少者に対する最低年齢、最長労働時間等、労働者一般に関する業務上の傷病・死亡についての扶助制度等が主な内容でした。

　その後は、主には失業対策という視点で労働者の管理がなされていきます。例えば、1940年代後半には完全失業者が84万人を超えていましたが、その政策として、失業対策事業の規模拡大や、高齢者・女性の労働環境なども含めた福祉政策などの新規実施が行われました。これらは「失業してしまった人」に対する施策ですが、「失業を未然に防ぐ」ことを目的とした施策は、1970年代、第1次オイルショックによる不景気対策の一つとして行われたのが、その始まりです。また、労働者の生活保障や賃金保証が始まったのもこの時期です。

　その後、女性の社会進出に伴い、1980年には男女雇用機会均等法が改正され、企業にはより一層の男女間平等が求められるようになりました。

なお、この改正は、現在の**ダイバシティー**などの考え方のきっかけになっています。この頃は、景気好調や欧米諸国の影響も受け、労働市場の自由化と雇用の流動化が注目されるとともに、サービス経済化、女性労働者の増加を背景とする人材派遣業の活用が盛んになりました。

1990年代前半のバブル崩壊により、労働市場の規制緩和は進むものの、長期的に失業率が高い状況となります。この時期には、多くの失業対策が行われました。

1-5-3. 働く環境の変化

近年は、景気の緩やかな回復の影響を受け、失業率も改善しつつありますが、少子高齢化による労働人口の減少が大きな課題となっています。また、**労働需給のミスマッチによる構造的失業や、ITやロボティクスによる労働環境の変化、フリーター・ニート等若年雇用に関する問題、いわゆる団塊世代の引退に伴う問題など、多くの課題**に直面しています。

2010年度の厚生労働省の労働関係の予算要求では、「安心・活力の実現に向けた雇用対策の推進～雇用のセーフティネットの整備～」「少子化対策の総合的強化」「生活安心保障の再構築」「高齢者等が生き生きと安心して暮らせる社会の実現」「障がい者自立支援の推進」「働き方改革」などの施策が盛り込まれています。つまり、**従来の環境整備型から、多様な働き方ができる仕組み、高品質の働き方ができる仕組み**に変わってきています。

働き方については、業種や企業風土により大きく異なるため、それぞれ異なる環境にある企業がどのように改革を行うべきか、2018年度の厚生労働省の調査研究事業として、多方面の生産性向上に資するガイドライン作成事業が行われることになりました。

一方で、厚生労働省は、労働基準関係法令違反に係る公表事案[1]（通称**ブラック企業リスト**）を公開しました。これまでは、従業員の違法な長時間労働等で年に3回の是正勧告を受けた企業のうち、是正勧告に従わない場合や充分な対応が行われなかった場合に書類送検となった大企業のみが公

1　厚生労働省労働基準局監督課「労働基準関係法令違反に係る公表事案」（平成30年6月29日）（http://www.mhlw.go.jp/kinkyu/dl/170510-01.pdf）

開されていました。ところが、違法な長時間労働で病気や自殺に追い込まれる人が後を絶たないことから、強化策として各企業の労働環境などが監視され、2018年6月29日に221社の社名と事案について公開されました。

　従来、従業員と企業の示談などの内輪で処理をしていた事案が多かったものが、隠蔽が発覚した企業が厳しく罰せられるのはもちろんのこと、企業名の公表を通じてその企業のレピュテーションが下がり、社会的にも大きな影響を受ける仕組みに変わり始めています。このため、法令遵守の徹底は当然のこととして、レピュテーションリスク対策の一環として、労働環境整備の徹底を企図した働き方改革に取り組んでいる企業も少なくありません。

　ブラック企業リストの抜粋より、労働安全の基準を満たしていないものが多く、労災事故の未報告なども含まれています。それ以外の項目では、労使協定の不履行や賃金の未払いなど、労働基準監督官から求められた際に虚偽の内容を報告するなど劣悪な事案も存在しています（図表1-12）。

図表1-12.　労働基準関係法令違反に係る公表事案に掲載された代表的な案件

分類	代表的事案
労働安全	・作業を指揮する者を選任することなく労働者に移動式クレーンのジブの解体作業を行わせたもの ・労働者を雇入れたときに、その従事する業務に関する安全のため必要な事項について、教育を行わなかったもの ・休業4日以上の労働災害が発生したのに、遅滞なく労働者死傷病報告書を提出しなかったもの ・ベルトコンベヤーに、非常停止装置を備え付けることなく、労働者に作業を行わせたもの ・労働者に食品加工用粉砕機を使用させるにあたり、蓋、囲い等を設けていなかったもの
過重労働	・労働者に、36協定の延長時間を超える違法な時間外労働を行わせたもの ・外国人技能実習生を含む労働者に、有効な36協定なく違法な時間外労働を行わせたもの ・労働者に36協定の延長時間を超える違法な時間外労働を行わせ、また、労働基準監督官の臨検に際し、虚偽の記載をした賃金台帳を提出したもの ・労働者に対し、36協定の届出なく時間外労働を行わせたもの

賃金未払	・労働者に、４か月間の定期賃金合計約1,290万円を支払わなかったもの ・外国人技能実習生を含む労働者に対し、４か月間の定期賃金合計約400万円を支払わなかったもの ・障害者を含む労働者に対し、１か月間の定期賃金合計約85万円を支払わなかったもの
その他	・外国人インターン生に対する賃金の一部を搾取する等により合計254万円の利益を得たもの ・臨検監督を行った労働基準監督官の尋問に対して、虚偽の陳述を行ったもの ・労働基準監督官から報告を求められた際に、労働時間を過少に偽った報告書を提出したもの

出所：厚生労働省　労働基準関係法令違反に係る公表事案
http://www.mhlw.go.jp/kinkyu/151106.html

　また、2002年、厚生労働省は、国民の健康づくり・疾病予防を推進するため、健康増進法を制定しました。この法律の制定は、従来の「罹患した患者の治療中心の疾病対策」が「疾病予防を主眼とした疾病対策」へと変わる大きな節目となりました。

（1）疾病対策から疾病予防へ

　国民の疾病全体の占める「がん」「虚血性心疾患」「脳血管疾患」「糖尿病」等の生活習慣病の割合が高まり、死因でも生活習慣病の割合が増加傾向になった（図表1-13）ことはご承知のとおりかと思いますが、同法では、生活習慣病の重症化や合併症の進行予防のために、生活習慣病発症の予備群とされる40歳以上の男女のうち、特定健康診査（いわゆるメタボ健診）と健診結果により「**メタボリックシンドローム**」と判定された場合には、対象者に個別に生活習慣の改善に向けた特定保健指導を実施するという義務を医療保険者（健保組合等）に課しています（2008年より）。加えて、特定健康診査・特定保健指導では健診受診率や保健指導実施率によっては、インセンティブあるいはペナルティが加わる仕組みになっています。

図表1-13. 主な死因別にみた死亡率の年次推移

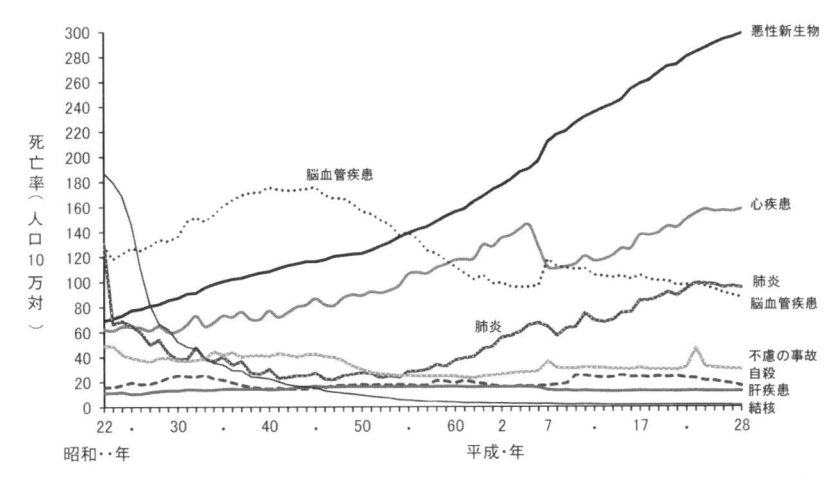

注：1) 平成6・7年度の心疾患の低下は、死亡診断書（死体検案書）（平成7年1月施行）に
　　　おいて「死亡の原因欄には、疾患の終末期の状態としての心不全、呼吸不全等は書か
　　　ないでください」という注意書きの施行前からの周知の影響によるものと考えられる。
　　2) 平成7年の脳血管疾患の上昇の主な原因は、1CD-10（平成7年1月適用）による原
　　　死因選択ルールの明確化によるものと考えられる。

出所：厚生労働省「平成28年人口動態統計月報年（概数）概況」図6「主な死因別にみた死
亡率の年次推移」

　コラボヘルスとは、健康保険組合等の保険者と事業主が積極的に連携
し、明確な役割分担と良好な職場環境のもと、健保組合の加入者（従業員・
家族）の予防・健康づくりを効果的・効率的に実行することです（図表1
-14）。「健康保険法に基づく保健事業の実施等に関する指針（平成16年7
月30日厚生労働省告示第308号）」では、健康保険組合等の保険者に対し
て、次の6点が求められています。

①事業主等に対して加入者の健康状況や健康課題を客観的な指標を用いて
　示すことなどにより、保健事業の必要性についての理解を得るよう努め
　ること

②事業主等に保健事業の内容・実施方法・期待される効果等を事前に十分
　に説明した上で、保健事業に参加しやすい職場環境を醸成すること

③事業主等から加入者に保健事業への参加勧奨をしてもらうこと等につい
　て、事業主等の協力が得られるよう努めること

④職場内禁煙等、加入者が健康づくりに自主的に取り組みやすい環境が職場において実現するよう、事業主等に働きかけること

⑤事業主等と役割分担等を含めて十分な調整を行い、効率的な実施に努めること

⑥事業主が実施する労働安全衛生法に基づく事業との積極的な連携に努めること

　健康保険組合等の保険者と事業主が連携し、保険者は保健事業を実施し、事業主は職場環境を整備するというように役割分担することで、保健事業の基盤を強化することができます。そのことで保険者による「保険者機能の発揮」と事業主による「健康経営の推進」が同時に実現します。

図表1-14.　コラボヘルスの意義

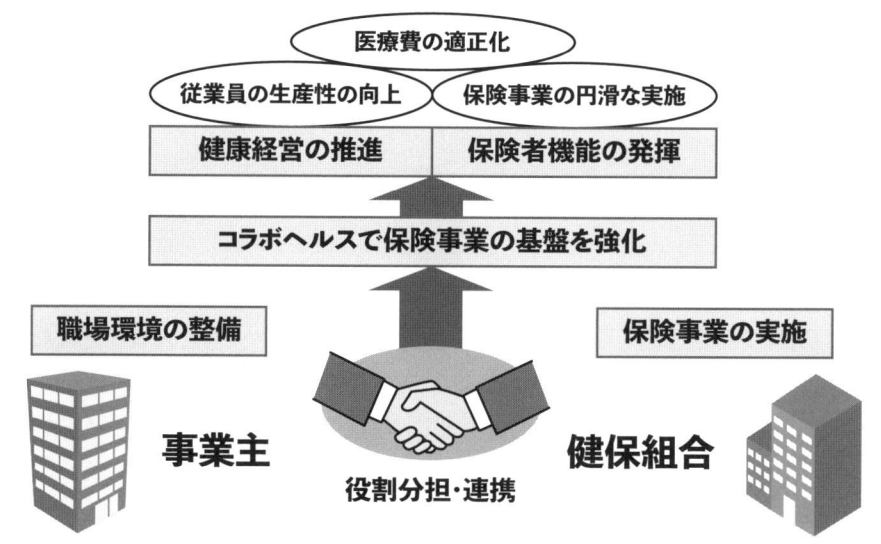

出所：厚生労働省保険局「データヘルス・健康経営を推進するためのコラボヘルスガイドライン」（平成29年7月）

こうしたコラボヘルスの推進のため、業界、保険者、医療関係団体、自治体等のリーダーが連携協力して、健康寿命の延伸を目標に、医療費の適正化を目指す「日本健康会議」が、2015年7月に発足しました。その会議では、2020年をゴールとした、数値目標（KPI）を含む「健康なまち・職場づくり宣言2020」が提言され、8項目から宣言は構成しています。内容は多岐にわたり、宣言4および宣言5がコラボヘルスに関連しています。宣言4では、大企業を対象に、「健保組合等保険者と連携して健康経営に取り組む企業を500社以上とする」という形で、コラボヘルスつまり健康経営の推進を示しています。後述の「健康経営優良法人（ホワイト500）」です。また、宣言5では、中小企業に対して、「協会けんぽ等保険者のサポートを得て健康宣言等に取り組む企業を1万社以上とする」という目標が明記されています。ともに「コラボヘルス」の実現を目指しています。1人の「人財」の重みは、大企業よりも中小企業の方が大きく、健康経営はむしろ中小企業の方がより切実な問題と言われています。

（2）保険者機能と労働者の健康管理

時期を同じくして、健康保険組合が保健事業としての疾病予防に努力義務の範疇で取り組むには、労働者と健康保健組合との間には直接雇用関係がないためガバナンスが効きにくく、施策実効性が乏しいのではという課題がかねてより指摘されていました。これを受け、企業への働きかけの一つとして国民の健康目標を示している「健康日本21」[2]では、企業等が取り組むためのインセンティブが重要と記載され、健康保険組合と企業がともに施策を行う「コラボヘルス」[3]のきっかけとなりました。また、2015年に閣議決定された「日本再興戦略」における提言を受け、厚生労働省では、増え続ける医療費を抑制するため、医療保険者に対し、データ分析によって**エビデンスに基づいた健康施策**を計画的に実施するとともに、そのモニタリングを行う「データヘルス計画」の策定を義務付けました。医療保険者のもとには、被保険者が受診した医療費に関するデータが集約され

---

2 「健康日本21」（正式名称：21世紀における国民健康づくり運動）は、壮年期死亡の減少や健康寿命の延伸、生活の質の向上の実現を目的として、生活習慣の改善などに関する課題について目標等を設定し、国民が一体となって取り組む健康づくり運動のこと。
3 コラボヘルス：健康保険組合などの保険者と企業が積極的に協力し合い、労働者やその家族の健康増進を効果的および効率的に行うこと。

ており、そのデータには傷病名も記載されています。このため、生活習慣病の発症者の発症前の特定健康診査データを確認し、疾病傾向を把握することで予防策を施すことができます。先進的な健康保険組合では既にデータ分析が行われていましたが、いわゆる健康施策としてPDCAサイクルを実施するデータヘルス計画の策定が各保険者に義務付けられることが明文化されたのです。このデータヘルス計画は、健保組合の被保険者のみならず、国民に公開されることとなります。

　さらに、「労働者の健康管理」という視点では、従来は体の不調や職場の環境衛生に重きを置いていましたが、近年のメンタル不調者の増加により、2015年には心の健康管理につながるストレスチェックの実施と高ストレス者への産業医面談などのフォローの実施が企業に義務化されました。これにより、企業は、従来の定期健康診査に加えてストレスチェックを行うことで、年に1度以上、心身ともにチェックをすることとなりました。企業には、高ストレス者の傾向分析を行い、要因を特定し、組織的に解決する施策に取り組むことが求められています。

　こうした数多くの施策の実施は、従来の健康施策に大きな2つの改革をもたらしました。1つは、健康施策について、健康保険組合をはじめとして、医療保険者や企業との協業が促進されたこと、そしてもう1つは、従来の健康施策の体系化や開催回数に力点を置いた「プロセス重視の施策」から、**健康施策の効果測定を行い、PDCAに基づいた施策の実施の促進につながったことです**。これにより、企業、健康保険組合における健康施策の実施と管理体制が確実に整備されてきていると言えるでしょう。

1-5-4. 従業員の健康への投資

　政府は、2007年10月に公表した経済産業省の産業構造審議会基本政策部会報告書「経済成長と公平性の両立に向けて」において7つの提言を行いました。その一つに「健康寿命（働くことや生活を楽しむことができることを含めて、健康で自立して暮らすことができる期間）の延伸を図り、失業・貧困に陥るリスクを減少させる。そのために予防医療の促進とあわせ、「健康会計」の検討等、個人・企業の健康投資の充実を促す仕組みづくりを進め、企業や社会における健康経営・健康増進の取組みを促進する」

と健康に関する内容が記載されました。その提言を受け、「健康資本増進グランドデザイン研究会」が創設されました。なお、「健康会計」（仮称）は、企業の健康への取組みを評価する方法であり、**企業が従業員の健康増進に対して行う投資コストとその効果を「可視化」する考え方**を表したものになります。つまり、人口が減少し、労働力人口も減少していく中、経済産業省は、企業の持続的成長、安定的経済成長を図っていくために、健康に配慮した経営（「健康経営」）、健康資本増進を促進していくことが必要であると考え、導き出されたものであると考えられます。

2010〜2012年度の経済産業省補助金事業の「企業価値を高める「健康経営」プロジェクト」において、日本政策投資銀行など数社は社員の健康管理にスポットを当て、企業の健康経営に対する取組みを評点化し、融資条件に反映させる、健康経営格付のスキームの検討と研究が行われました。その成果である「DBJ健康経営格付」は、従業員の健康配慮への取組みに優れた企業を評価・選定し、その評価に応じて融資条件を設定するという「健康経営格付」の専門手法が導入された世界で初めての融資メニューとして注目を浴びました。

その評価項目は大きく３つあり、労働安全衛生法や企業・健保の努力義務事項の履行状況を含めた「健康管理」、健康経営・健康増進の取組みレベルやルール、体制整備等の「健康経営Ⅰ（運営全般）」、具体的な長時間労働対策、メンタルヘルス対策、生活習慣病対策等の取組状況を把握する「健康経営Ⅱ（実施事項）」、14の中項目で構成されています（図表1-15）。

図表1-15.　DBJ健康経営格付融資評価項目

分野	評価項目
健康管理	A）労働安全衛生 B）労務管理 C）健康診断 D）ストレスチェック E）コンプライアンス

健康経営Ⅰ（運営全般）	F）「健康経営」に取り組むマネジメント体制の構築 G）従業員の健康に関する状況・特性の分析・把握 H）従業員の健康配慮に関する目標・計画の設定 Ｉ）情報開示
健康経営Ⅱ（実施事項）	J）生活習慣病対策 K）メンタルヘルス対策 L）働きやすく・働きがいのある職場づくり M）健康に配慮した製品・サービス N）総合評価

出所：株式会社日本政策投資銀行「DBJ健康経営格付融資（理念・概要）」より
https://www.dbj-sustainability-rating.jp/health/overview.html

　なお、2018年3月末の累計では、137件の健康経営格付による融資を受けています。また、健康経営格付に応募した企業には、個別に健康格付評点の得点率やスコアのフィードバックが行われており、融資結果のみならず、企業の健康増進への取組みを見直すきっかけともなり、有意義であると評価を得ています。

● 経営アジェンダとしての健康

　2015年には、東京証券取引所、厚生労働省、経済産業省の協業で、「**日本再興戦略」に位置付けられた「国民の健康寿命の延伸」に対する取組みの一つとして健康経営の仕組みを発表しました。**「健康経営」とは、従業員等の健康管理を経営的な視点で考え、戦略的に実践することです。企業理念に基づき、従業員等への健康投資を行うことは、従業員の活力向上や生産性の向上等の組織の活性化をもたらし、結果的に業績向上や株価向上が期待できます。

　また、経済産業省は、東京証券取引所と共同で、東京証券取引所上場企業から「健康経営」に優れた企業を選定し、毎年1業種から最も優れた企業を「健康経営銘柄」として認定・公表することとしました。経営から現場まで各視点から健康への取組みができているかを評価するため、「**健康経営が経営理念・方針に位置付けられているか」「健康経営に取り組むための組織体制が構築されているか」「健康経営に取り組むための制度があり、施策が実行されているか」「健康経営の取組みを評価し、改善に取り組んでいるか」「法令を遵守しているか」**などの観点から「健康経営度調

査」に基づき評価されます。2017年には、業種や企業規模などにかかわらず、健康経営の取組みを行っている優秀な企業500社に対して「健康経営優良法人（ホワイト500）」を認定する仕組みを創設しました。

　一方で、これから迎える超高齢化社会を見据え、次世代ヘルスケア産業協議会による「次世代ヘルスケア産業協議会とりまとめ（アクションプラン2015）」（平成27年5月）では、生活者ニーズの多様化・成熟化等により、これまでの医療・介護（公的保険内）サービスに加えて、新たな時代に創出される潜在的な健康需要（①医療分野（企業・保険者による健康経営の推進）、②介護分野（介護システムの充実・効率化）、③地方創生（食・農や観光等の地域資源の活用）への貢献）を満たす、次世代ヘルスケア産業を創出することが必要であると明記されました。特に、医療分野では、「健康経営銘柄」等の大企業向けの取組みを継続するとともに、従業員とその家族の健康管理を支える中小企業の健康経営の促進にも力を入れ、①従業員の生産性向上、②中小企業の人材確保、③医療費適正化を実現する政策パッケージを示すことを明言しています。

　従来の政策主導型施策ではありますが、ルールだけを示すのではなく、具体的な方法を示すことにより企業の取組みの敷居が下がり、今後ますますの普及が見込まれます。

1-5-5.　各政策の企業のとらえ方

　このような政策動向を受け、企業では、「CSR（企業の社会的責任）」や「SRI（社会的責任投資）」として取り組み始めました。CSRやSRIという言葉は、読者の皆さんも耳にしたことがあるのではないでしょうか。これらは、**企業は営利目的の行為のみを行うのではなく、一定の社会的な役割を担う必要があるのではないかという考え方を示す言葉です**。近年、この考え方がさらに発展し、「ESG投資[4]」という言葉が使われるようになってきました。従来のSRIは、強く社会や環境を意識した倫理的な投資手法でありますが、リターンとの関係が見えにくくなっていました。その後、企業経営においても「**サステナビリティ（持続可能性）**」という概

4　ESG投資とは、「環境（Environment）、社会（Social）、企業統治（Governance）」に配慮している企業を選別して行う投資のこと。

念が浸透したことを受け、社会や環境、そして企業統治を意識した経営戦略は、**企業利益や企業価値向上につながると広く認知されるようになりました。企業経営において、投資家にとって魅力的企業であることは健康経営の重要なアウトカムの1つとなります。**

企業による健康経営・健康投資に係る情報発信は、リクルート市場や自社の従業員、投資家など、社会におけるさまざまなステークホルダーへの訴求につながっています。**健康経営を行い従業員の生産性を向上することは、社会を構成する重要な要素の一つである「従業員への投資」に当たります。これは、ESG（E（環境）・S（社会）・G（ガバナンス））のSに該当するため、投資家から注目されています。**一方で、必ずしも各社の健康経営に関する取組みが、定性・定量双方で効果的に「見える化」されていないため、多くの投資家は知りたい内容と発信内容にギャップがあると感じています。

投資家が投資対象として評価するポイントは、「「健康経営が企業の成長、継続性に資すること」が「健康経営が経営理念、事業計画に示す目的などから導かれる体系的な取組みであること」であるとストーリー立てて説明されているか」です。実際に企業が健康経営に取り組む際は、企業の成長、継続性に資する目的で行われているものの、情報発信においては、健康経営の目的が抜け、プロセスを中心とした取組み内容、アウトカムやアウトプットを中心とした成果のみの場合が散見されます。これでは、投資家へ訴求するには不十分です。健康経営の目的である企業の成長や継続性に資する部分とのプロセスやアウトカムがどのように関係しているか発信していく必要があります。

このように発信内容は改善する必要がありますが、企業における健康経営への取組みが投資家をはじめとするステークホルダーに注目を浴びていることは重要です。今後も積極的に取り組む必要があります。

1-6. 健康経営

1.6.1. 健康経営銘柄とは

経済産業省は、「日本再興戦略」による取組みの一環として、2014年度

から、東京証券取引所と共同で「健康経営銘柄」を選定して認定しています。長期的な視点からの企業価値の向上を重視する投資家にとって魅力ある企業として紹介することを通じ、企業による「健康経営」の取組みを促進する目的のもと推進しています。

健康経営銘柄の選定・公表は、2015年に閣議決定された「日本再興戦略」の1つ、「国民の健康寿命の延伸」に向けた施策の1つとして位置付けられています。東京証券取引所の上場企業のうち、健康経営に戦略的に取り組んでいる企業を、原則1業種1社「健康経営銘柄」として選定する制度です（図表1-16）。

図表1-16. 健康経営に係る顕彰制度の対象法人

	【健康経営銘柄】 **24社** 健康経営銘柄 Health and Productivity	健康経営優良法人 【大規模法人部門】 **235法人** 健康経営優良法人 Health and productivity ホワイト500	健康経営優良法人 【中小規模法人部門】 **318法人** 健康経営優良法人 Health and productivity
製造業その他		301人以上	300人以下
卸売業	東京証券取引所 **上場会社**	101人以上	100人以下
小売業		51人以上	50人以下
医療法人・ サービス業		101人以上	100人以下

出所：経済産業省ヘルスケア産業課「「健康経営銘柄2018」及び「健康経営優良法人（大規模法人）2018」に向けて」（平成29年9月）

選定基準は、経済産業省が実施する「健康経営度調査[5]」の回答結果を、**(1)「経営理念・方針」(2)「組織・体制」(3)「制度・施策実行」(4)「評価・改善」(5)「法令遵守・リスクマネジメント」** という5つのフレームワークからの評価に加え、財務面として、

5　健康経営度調査：毎年調査項目は変更・追加・削除はあるが、(1)「経営理念・方針」(2)「組織・体制」(3)「制度・施策実行」(4)「評価・改善」(5)「法令遵守・リスクマネジメント」の質問がされる。http://www.meti.go.jp/policy/mono_info_service/healthcare/kenko_keiei.html

1. 「健康経営度調査」の総合評価の順位が上位20％以内、かつ、必須項目をすべて満たしているか
2. ROE（自己資本利益率）の直近3年間平均が0％以上か

の視点で評価します。

　なお、同一の調査票にて健康経営優良法人認定を行っており、地域の健康課題に即した取組みや日本健康会議が進める健康増進の取組みをもとに、特に優良な健康経営を実践している大企業や中小企業等の法人を顕彰しています。なお、「健康経営銘柄」は社会的に大きな反響があり、上場企業のみを対象としている等の諸条件があることから、日本健康会議との連携を図るため、大規模法人部門は2020年までに500社以上を目指すこととし、中小規模法人部門は保険者が進める「健康宣言」に取り組んでいる企業から「健康経営優良法人」（いわゆるホワイト500）を認定します。

　以下、健康経営銘柄の選定の際の評価ポイントを紹介します。健康経営銘柄の選定対象でない企業にとっても健康経営の取組み上参考になるものですので、ご確認ください。

図表1-17.　健康経営の成功要因

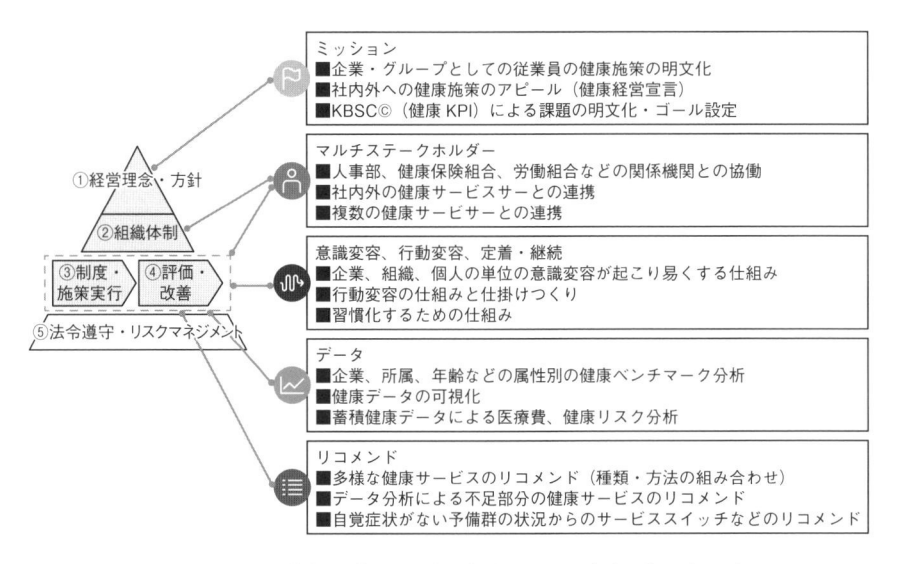

出所：経済産業省ヘルスケア産業課「健康経営の推進について」（平成30年9月）

各フレームワークの概要は、図表1-17のとおりです。

健康経営度の評価モデルは、5つのフレームワークから評価し、それぞれのフレームワークごとの結果にウエイトをかけ、最終評価を算出しています（図表1-18）。

図表1-18.　健康経営度調査　評価モデル

側面	ウエイト
①経営理念・方針	3
②組織体制	2
③制度・施策実施	3
④評価・改善	2
⑤法令遵守・リスクマネジメント	－

出所：経済産業省「健康経営銘柄2018　選定企業紹介レポート」

1-6-2.　経営理念・方針

従業員の健康を経営課題として捉え、実行力を伴って健康経営に取り組むためには、経営トップがその意義や重要性をしっかり認識するとともに、その考え（理念）を社内外にしっかり示すことが必要です。その方法の一つとして、**健康経営を経営理念の中に明文化することで、企業として健康経営に取り組む姿勢を従業員や投資家等、さまざまなステークホルダーにメッセージとして発信**することが挙げられます。

ここでの具体的な評価ポイントは以下の3点になります

・企業経営における従業員の健康保持・増進の位置付けの認識
・従業員の健康保持・増進に関する経営方針などへの明文化
・経営トップ自らによる従業員の健康保持・増進に係る情報の社内外への発信

従業員の健康保持・増進に対する全社方針の明文化については、2014（平成26）年度は実施している企業の割合が53.3%であったの対し、2017（平成29）年度には84.3%と大幅に増加したことが分かります（図表1-19）。ひとえに、「健康経営」という言葉が一人歩きしているのではなく、企業でもきちんと取り組み始めていることが分かります。

図表1-19.　健康保持・増進に対する方針の明文化

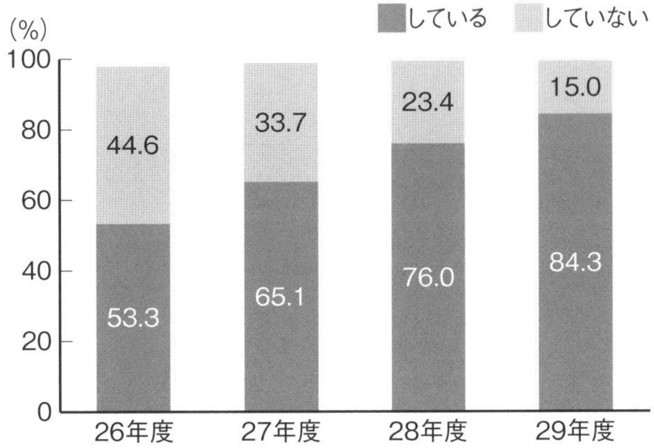

出所：経済産業省「健康経営銘柄2018　選定企業紹介レポート」

1-6-3.　組織体制

　次のステップは、従業員の健康保持・増進に向けた実行力ある組織体制を構築することです。組織の構築にあたっては、方針に応じて、専門部署の設置や人事部など既存の部署に専任従業員、兼任従業員を置くなどの対応が考えられます。また、取組みの効果を高めるため、従業員の健康保持・増進を担当する従業員について、専門資格を持つ者としたり、専門資格まではなくとも、担当従業員に対する研修の実施なども重要です。

　なお、**従業員の参画・行動変容を促すような全社的な取組みを実効的なものとするためには、一丸となって取り組めるよう、経営トップや経営層全体において、その取組みの必要性等が共有されている必要**があります。そのため、企画立案の段階から、役員会での討議事項とする等の体制を整備することが重要です。

　近年は、CHOなどの役員を配置している企業も多くあり、この動きも

組織体制整備の一つの方法です（CHOの詳細についてはP.153にて後述）。
ここでの具体的な評価ポイントは、以下の３点になります。

・従業員の健康保持・増進の推進を統括する組織の形態
・専門人材（産業医、保健師、看護師など）の活用
・従業員の健康保持・増進の推進に対する企業経営層の関与

図表１-20. 健康保持・増進の最高責任者の役職

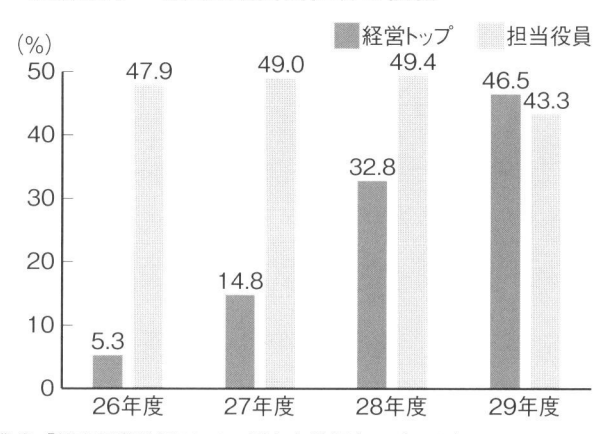

出所：経済産業省「健康経営銘柄2018 選定企業紹介レポート」

　従業員の健康保持・増進の最高責任者の最高責任者については、半数の企業において、経営トップもしくは担当役員がコミットしていることが分かります。2014（平成26）年は、最高責任者を担当役員が務めている割合が47.9%、経営トップが務めている割合が5.3%であったのに対して、2017（平成29）年には最高責任者を経営トップが46.5%、担当役員が43.3%となり、多くの企業で経営トップがコミットしていることが分かります（図表１-20）。

1-6-4. 制度・施策実行
　従業員の健康保持・増進の取組みは、多くは事業主としての企業、産業医や保健師等の産業保健スタッフ、健康保険組合、労働組合、従業員など、さまざまな機関が関与して実施されています。健康経営を実践する上で

は、いかに**既存の主体者が互いに連携し、相互補完的または相乗的な効果のある効率的な制度・施策が運用・展開されるかが重要**となります。

　また、昨今は、ダイバシティーの推進により、正規雇用、非正規雇用の違いなど、就労環境や福利厚生、医療保険などのさまざまな労働条件化で従業員が働いています。これらの従業員の健康保持・増進を総合的に推進するためには、日頃から事業主たる経営者のリーダーシップのもと、従業員の健康保持・増進に関する自社の取組みや保険者の取組みなどの全体を把握した上で、人事部署、産業保健スタッフ、健康保険組合等の保険者が連携して、取組みの重複や不足などを整理・検討することが必要です。(具体的な取組みについては、P.163以下で紹介します)。

　ここでの具体的な評価ポイントは、以下の3点です。

・従業員の健康保持・増進を行う上での従業員の健康状態や取組みに係る課題の把握
・メンタルヘルスに関する各種チェックの実施
・労働時間の管理のための制度や施策の実施

1-6-5.　評価改善

　取組みの効果を検証する際には、その評価を、次の取組みに活かす――PDCAがしっかりと機能する――ような体制を構築・維持することが重要です。評価改善については、2014(平成26)年度は60.4%であったのに対して、2017(平成29)年度には、79.3%と実行のみならず、評価・改善を行っている企業が増えていることが分かります(図表1-21)。

　また、**評価にあたっては、ストラクチャー(構造)・プロセス(過程)・アウトカム(成果)の3つの視点から健康経営を評価**します(図表1-22)。

　健康経営の最終的な評価はアウトカム(結果)で評価することになるが、結果のみでは問題点が明らかにできず、改善方策が見いだせない場合が多いです。そこで、結果に至る"過程"を評価し、事業の基盤である"構造"について評価することが必要となります。また、最終目標のアウトカム(結果)評価は数値であるため、データを取るためには数年間かかること

図表1-21. 評価改善の有無

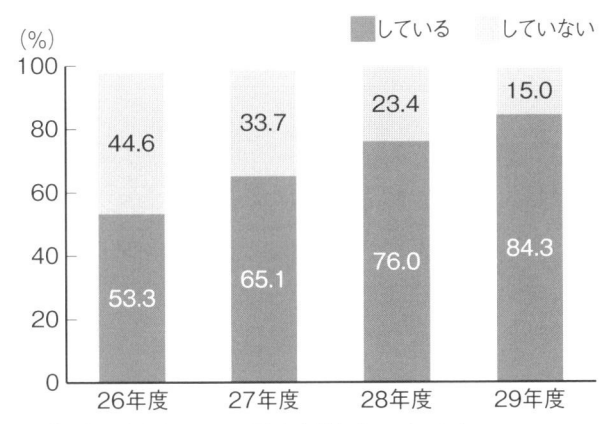

出所：経済産業省「健康経営銘柄2018　選定企業紹介レポート」

図表1-22. 効果検証　3つの視点

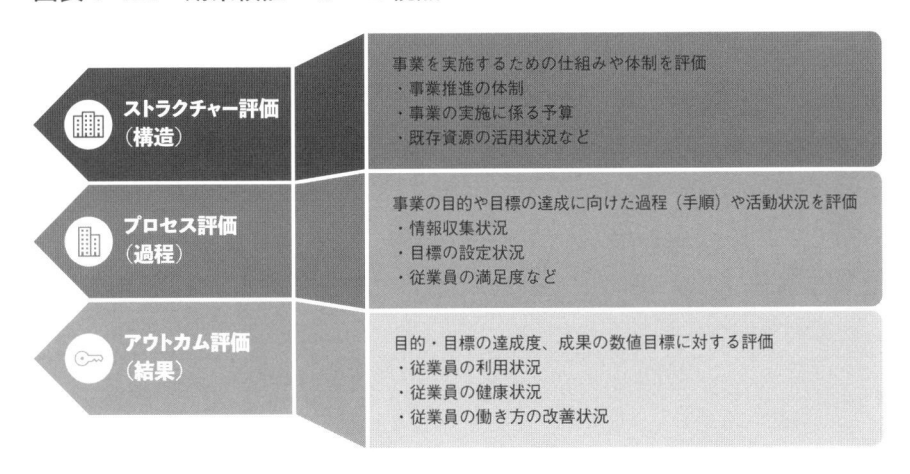

出所：トーマツにて作成

　から、アウトプット（事業実施量）の観点から評価を行うこともあります。なお、それぞれの評価を行うためには、評価指標、評価手段、評価時期、評価基準について、明確にしておくことが必要です。

①ストラクチャー（構造）

　ストラクチャー（構造）は、健康経営を実施するための仕組みや体制を評価するものです。

②プロセス（過程）

　プロセス（過程）評価は、事業の目的や目標の達成に向けた過程（手順）や活動状況を評価するものです。

③アウトカム（結果）

　アウトカム（結果）評価は、事業の目的・目標の達成度、また、成果の数値目標に対する評価です。

　なお、前述の計画時点で評価方法にも言及しておくことが必要です。具体的な評価ポイントは、以下の３点です。

・従業員の健康保持・増進を目的として導入した施策の効果検証の実施
・健康状態、医療費、生産性等、取組みの具体的改善効果の把握
・従業員の健康保持・増進施策の効果検証を踏まえた改善の取組み

1-6-6.　法令遵守・リスクマネジメント

　重大な法令違反等を行っていないことは、重要な判定材料です。具体的には、以下の４点が評価ポイントに挙げられていますが、その他の法令も含めて自主申告制となっています。

・定期健診を実施していること（自主申告）
・保険者による特定健康診査・特定保健指導を実施していること
　（自主申告）
・50人以上の事業場におけるストレスチェックを実施していること
　（自主申告）
・従業員の健康管理に関連する法令について重大な違反をしていない
　こと（自主申告）

PART 2

健康的な働き方を目指して

いよいよプロジェクトが発足した。

プロジェクト名は「Future of Work（これからの仕事と健康を考えるプロジェクト、通称FWプロジェクト）」となった。「働き方改革」という名称も候補に挙がったが、自社のプロジェクトであり、また、社長の加藤が失敗事例として勝手に名付けていた「名ばかり働き方改革」とは違うということを全社的にも意識付けたかったため、そのような名称となった。

加藤はこの全社的なプロジェクトの最終責任者として、経営企画室が中心となってプロジェクトを推進することを求め、プロジェクトリーダーには専務の西本、プロジェクトの中心としての牽引役は、経営企画室長である松田が任命されることになった。

もちろん人事部主導とすることも選択肢の一つではあったが、「全社的」なプロジェクトであると位置付けたい加藤は、あえて経営企画室を指名した。とはいえ、部門間の協力体制があまり見られない社内の雰囲気に風穴を開けるべく、主導は経営企画室としつつも人事部社員をプロジェクトメンバーに加えることとした。

プロジェクトのゴールとして「時間外労働の削減」が挙げられたが、それはたくさんあるゴールの1つであって、社員の働き方を変え、労働生産性を上げることが最終的な目的である。松田個人としては、「健康」というテーマもこのプロジェクトの中で取り上げていきたいと考えていた。

キックオフミーティング当日。あまりプロジェクトでの活動そのものに慣れていない者もプロジェクトメンバーとして招集されたため、部屋の中ではどう振る舞えばよいのか不安をのぞかせるメンバー同士がひそひそと会話をしている姿も見られた。

松田はその全体の雰囲気を感じながら、これからのプロジェクトがどのように進んでいくのか、自身も緊張しながらその様子をうかがっていると、西本が全体を見渡しながら、少し緊張した顔つきで口火を切った。

「皆さん、お忙しいところ今日のキックオフミーティングにお集まりいただきありがとうございます。世の中で働き方改革への取組みが盛んなのは皆さんもご存じのとおりかと思いますが、いよいよ我が社も、この改革に取り組んでい

くことになりました。これから数か月間で、皆さんの働き方そのものを変えるとともに、労働生産性を上げるための施策を検討していきます。

このプロジェクトは、加藤社長からの強い要請により、社長の肝いりで行われるもので、"Future of Work プロジェクト"というプロジェクト名も社長自身が名付けています。社長は、皆さんの日頃の働きに非常に感謝されている一方で、危機感もお持ちです。もっと皆さんには、仕事もプライベートも充実した人生を送ってほしいと望まれています。そのためにも、皆さんの働き方を改革し、労働生産性を上げ、時間外労働を減らしていくような取組みが必要と感じていらっしゃいます。

社長はこのプロジェクトに大きな期待を持たれています。ここにお集まりいただいたプロジェクトメンバーの皆さんは、その期待を実現できる方々です。皆さん一人ひとりの力をお借りしてこのプロジェクトを成功させたいと考えていますので、ぜひともよろしくお願いいたします。なお、このプロジェクトの実質的なファシリテーターは経営企画室の松田室長にお願いしたいと思っています」

そう言うと、松田に目配せして、ミーティング進行のバトンを松田にパスした。

「経営企画室の松田と申します。今回のプロジェクトの進行を務めさせていただきます。よろしくお願いします」

松田はそう挨拶し、一呼吸置いた後、このプロジェクトを進めるにあたっての自分の考えを語り始めた。

「今回、プロジェクトをリードする役割を担わせていただくことになりましたが、実は、恥ずかしながら、"私自身の働き方を一番に変えていかなければならないのではないか"と考えています。私は、自分自身のことをモーレツ社員ではないかと自覚しています。極端に言いますと、毎日終電までが労働時間と考えて仕事をしているような人間で、心のどこかでそれを部下にも期待してしまっていました。しかしながら、今回この役割を拝命して、改めて自分の仕事の仕方、させ方を振り返ってみました。今更ながら、自分自身の働き方が今の世の中の流れとはまったく違うものであることを痛感しているところです。"働き方を考える"ということは"自分の人生の大半を考える"ことであり、ひいては"定年後にどのような人生を送るか"を考えることでもあると、つい最近

気付きました。充実した人生を送るためには、働き方を充実させるとともに、社員の皆さんの身体も心も健康であることが必須であると考えるようになったところです。

　残念ながら、まだ私自身は何も行動できていません。これから具体的に行動を考えていかなければならないような状況ですが、このプロジェクトを通じて、少しでも自分自身の人生を充実したものにしていきたいと、本気で考えています。そのためには、ここにいらっしゃる皆さんのご協力が必須であると考えています」

　プロジェクトメンバーは、松田の真剣な様子に真摯に耳を傾ける。

「これからこのプロジェクトの目的である我々社員の働き方の変革と労働生産性向上のため、そして健康で働き続けるために、皆さんといろいろとディスカッションしていくことになります。皆さんがこのプロジェクトメンバーに選ばれたのは、皆さん自身のご意見をお聞きしたいからです。日頃働く中でお感じになられていること、考えていることについて、率直なご意見をいただけると大変ありがたいです。逆に、ただ座っているだけでは意味がありません。ぜひ忌憚のないご意見をどんどん出していただき、有意義なプロジェクトにしていきたいと思っています」

　松田の挨拶は、自身の緊張もあったが、メンバー全員にもいい緊張感を与えるものになったようだ。こうして、これからの仕事と健康を考えるプロジェクト、Future of Work（FW プロジェクト）がスタートした。

2-1. 戦略としての「健康的な働き方」の意義

2-1-1. 短期的なメリット

　肉体的にも精神的にも健康的な働き方を実現できた場合、会社にとっての短期的なメリットは何でしょうか。

　まず、社員が安定的なパフォーマンスを発揮してくれることが挙げられます。属する業界の景気が好況なのか不況なのかによっても異なりますが、一般的には、肉体的にも精神的にも充実した社員が揃っていれば、当然ながらその会社の成果が上がる可能性は高まると考えられます。

　次に、離職率が下がるため、採用コストが軽減されます。通常の採用コストがどの程度かをご存知でしょうか。一般的には、採用一人当たりおよそ50万円かかると言われています。人材紹介会社に支払うコストだけが採用コストではありません。新卒採用であれば学校訪問に要する時間や旅費が含まれますし、当然ながら一次面接、二次面接、役員面接に要する時間もコストになります。一方で、離職希望者が出たときの引き留めのための上司との面談や、離職決定後の人事部における離職票作成の時間などもすべてコストになります。健康的な働き方を実現できた場合、これらを最小限にとどめることができる可能性があります。

　さらには、自社が求める優秀な人材を「選定」できるようになります。離職率が下がれば、応急措置的に人材を採用する必要性がなくなるため、人材の採用を慎重に行うことができます。優秀な人材を見極められるかどうかは採用面接官の腕次第ではありますが、厳しい目で人材を選定できるようになるため、必然的に優秀な人材の確保につながっていくと考えられます。

2-1-2　中長期的なメリット

　健康的に働く人材が定着し、安定的かつ継続的なパフォーマンスを得られるようになれば、中長期的なメリットの享受も可能となります。

　離職率が低く、やる気が高い社員が揃い、パフォーマンスも継続的に向上している状況を世の中に対して情報発信できれば、「良い企業」としての評判が高まり、さらに優秀な人材が集まりやすくなります。前述の採用

面接官の見極め力が高まることと併せれば、当然ながら優秀な人材を確保できる可能性はより高まります。そうなると、優秀な人材が集まる企業のパフォーマンスは安定的に向上していきます。こうして生産性が向上し、企業体質も改善していくという好循環が生まれ、その結果、企業イメージが向上し、ブランド力につながっていくことになります。

　当然ながら、健康的に働く優秀な人材が集まるには、その会社そのもののビジネスに魅力がなければならず、魅力的な経営者も必要かもしれません。むしろ、こうした要素の方が優秀な人材を惹きつけるための一時的な影響力が大きいとも考えられます。しかしながら、数年前に一世風靡した企業が、今では懐かしい名前になっている場合も少なからずあることを想定すれば、業界や経営者の魅力だけでは、継続的なメリットを享受し続けることはできないことがお分かりいただけると思います。

2-2. 効率化と健康度の両立に向けて

2-2-1.　業務と健康管理は「トレードオフ」か〜モーレツ社員の終焉〜

　健康的な働き方を組織として進めるときに、必ず立ちふさがるハードルがあります。それは、「業務の効率化が損なわれる」というイメージです。

　会社組織において、健康的な働き方を進めることは、一見、業務をおろそかにするようなイメージを抱かれることがあります。例えば、休暇を取得したとします。休暇の取得は、当然ながら健康的な生活の維持につながります。一方、休暇を取得すれば、その間の業務はできません。実際は、会社に残っている人が休暇を取得した人に代わって業務を進めてくれるため、「業務が進まない」ということにはなりにくいのですが、引き継ぎに時間がかかったり、担当が変更になることで効率的に進まなかったという結果につながる可能性もゼロではありません。

　このように、健康的な働き方をしようとすることは、個人のサボタージュをイメージさせるものでもあります。実際に、周りに迷惑をかけることもあります。ひたすら働くことは、実際、業務をよりよく進めるという結果につながっています。

　「担当者が変わる」ことは、短期的に考えれば間違いなく非効率なことで

しょう。しかし、中長期的に考えれば、休暇に限らず、担当者をやむを得ず変更しなければならない場合に、円滑に引継ぎを進められる可能性が高まります。複数人が同一の業務に関与することにより、一人では気付かなかった改善点や課題が浮き彫りになることもあるでしょう。もちろん、健康的な働き方を求めた結果が「休暇」であるならば、その休暇で従業員がより健康になり、復帰後、また長期間の業務に従事できることも期待できます。

　実際、**「健康的な働き方をすれば業務が非効率になる」というイメージはもはや古く、現在はそのような考え方では通用しないこと**が多いのではないでしょうか。今の多くの働く人々は、会社組織や業務遂行よりも自身の健康を優先する傾向にあり、かつての「モーレツ社員」は減ってきているようです。

　かつての「モーレツ社員」は、健康より業務を優先するばかりでなく、仮に非効率な遂行方法であったとしても、何よりも「業務に没頭すること」を優先していました。なぜ彼らが業務の効率化を顧みず、業務に没頭している姿勢を重視したのかというと、業務に没頭することで、一定の成果を上げることができたことと、成果の「見える化」ができていない環境があったからだと考えられます。

　今日では、「業務に没頭しているか」ではなく、「成果が上がっているか」を問われることが多くなりました。自身の働きぶりを社内アピールとして利用できる時代は終焉し、成果こそが社内アピールの手段となりました。「成果主義も終焉を迎えつつある」という話もありますが、成果主義の時代を通じて、成果は「見える化」されるようになりました。かつては営業部門だけの数字管理であったものが、売上に直接関係しない部門にも目標設定の文化が根付きました。働く従業員全員が何らかの目標を設定し、それを達成することが求められているのです。例えば、医療機関や介護施設のような非営利組織であっても、インシデントの管理や患者数、手術件数やコストダウンの目標を設定されています。今や、長時間の勤務や会社への忠誠心により自身の評価を向上させるようなイメージ戦略は、会社から評価される要因にはならなくなってきたのです。

それでは、今日、我々は、どのように働くことで評価を得られるのでしょうか。

　成果を上げることが評価につながるのであれば、「成果を上げればよい」ということになります。成果を上げるために業務を多くこなし、長時間労働を受け入れることで、成果が上がる可能性は高くなります。人の倍働くことで、より多くの業務知識を身に付け、他人よりも早く業務をこなすことになります。ただし、その結果、モーレツ社員が評価されるのかというと、それはまた違います。モーレツ社員とは、前述のとおり、効率が悪くても、業務していなくても、成果に関係なくひたすら頑張るという意味で本書では表現しています。今求められているのは、業務成績という成果です。成果が上がれば、モーレツ社員である必要はありませんし、成果が上がらないモーレツな働き方では、誰も認めてくれません。

2-2-2.　非効率に業務をこなすことで、健康を確保するパターン

「健康を確保することは非効率につながる」というイメージが実際に存在することは先に述べたとおりであり、確かに、そのような働き方をしている従業員も、少なからず存在します。

　サボタージュとして健康的な働き方をするという選択肢も、当然あります。つまり、人はズルをすることがある、ということです。「健康を害する」という理由で業務を拒否したり、仮病を使ったりすることは、決して褒められることではありませんが、実際、あまり働かないにもかかわらず会社に居続けることはできるという状況が自社に存在している可能性は否定できません。

　経営者は、自身の経験からそのような従業員が存在することを知っているため、健康的な働き方を認めて、「業務をしたくない」従業員にさまざまな手当や仕事を休む理由を与えてしまっては、当該社員がその制度を巧みに利用して、今まで以上にサボタージュの機会を得てしまうのではと懸念してしまうのは、無理からぬことと言えるかもしれません。

　ある組織の例をご紹介しましょう。その組織は女性従業員が多く、たくさんの人が産休を取得していました。その後、育児休暇も取得して、一定期間働いてまた休暇に入るのが当然のようになっていました。このため、

人件費が通常の３割増しとなり、売上の６割以上を人件費が占めるという状況にまで膨れ上がってしまいました。産休・育休を取得していない従業員は不公平感を持ち、出産や子育てのタイミングのない働き盛りの多くの者が退職しました。その後、その組織は改革を迫られ、手当や給与についても改革のメスが入ったのです。

　この例のように（この例のすべての女性従業員がそうだとは限りませんが）「業務をしたくない」と考える従業員が、組織の仕組みを巧みに利用して業務から逃れ、フリーライダー化することがあります。経営者はそれを恐れており、また、しわ寄せが来る他の従業員にとってもこれは非常に由々しき問題です。フリーライダー化した従業員が勤務しようがしまいが、業務量や組織の目標は変わらないことが多く、休暇を取得した従業員の業務は休暇を取得していない業員がこなすことになるため、通常どおりに働いている従業員は苦労を強いられることになります。このように、経営者が休暇取得を奨励しないことで組織を継続させたいと考えるように、健全に働いている従業員も、自分にしわ寄せが来ないように休暇取得を奨励しないことがあります。

　以上のことから、健康的な働き方を推進するためには、組織として、次の２つの懸念事項が「ない」ということの理解が必要不可欠であることが分かります。

・健康的な働き方の推進は業績向上を阻害する
・健康的な働き方の推進が他の従業員のフリーライダー化を招き、そのしわ寄せが別の従業員にいく

　特に、経営者が１つ目の不安を払拭することが重要です。

　ただし、ここで留意しなければならないのは、この２つの懸念が事実として起こり得るということです。昨今、「健康的な働き方は非効率化を招くのではなく、むしろ効率化を招く」という考え方が主流となっているように思いますが、考え方が新しいから・古いからと、経営悪化のリスクに目を向けないのは得策ではありません。フリーライダーやサボタージュが発生する仕組みを十分に理解したうえで、健康的な働き方を推進するため

の各施策を講じていかなければ、よかれと思って取り組んだ健康的な働き方の推進が、むしろ従業員のやる気を削いでしまうという結果につながってしまいます。健康的な働き方の推進を進める上では、今検討している方法でサボタージュやフリーライダーが発生しないかを自問しながら進めていくことが重要であると考えます。

2-3. "健康" と "働くこと" は、トレードオフではない

2-3-1. 業務とはそもそも苦しいものなのか

「健康的な働き方を進めることは経営継続とのトレードオフになるのではないか」という懸念があることは先に述べました。つまり、「健康的な働き方を進めることで収益が減少する可能性がある」ということです。

その背景には、「誰も頑張って働きたくはない」という考え方があるのかもしれません。それでは、そもそも、働くということは、苦しいことなのでしょうか。

「**ワークライフバランス**」という言葉は既に周知のものとなっているかと思いますが、厚生労働省の資料などでは「ワークライフバランス」は、「仕事と生活の調和」と表現されることが多いようです。

では、「仕事と生活の調和がとれている状態」とは、どのような状態でしょうか。

厚生労働省「仕事と生活の調和推進プロジェクト」ウェブサイトでは、長時間労働に対する懸念と対策が示されていますが、こうした「いかに仕事を休むか」に偏重した対策を念頭に、健康に対する取組みを進めることには問題があります。「いかに仕事を休むか」という視点より「いかにイキイキ働くか」という視点こそが重要なのです。

日本では、会社でカッコよく仕事することがデキる人の姿として描かれることも多いです。仕事を辛い義務のようなものと考え、お金を稼ぐ手段として仕方なく仕事をしているといった考えを持つ人ばかりではありません。むしろ楽しく仕事をしたり、仕事で努力して成果を上げることに日々満足感や達成感を得ている人も多いのではないでしょうか。

かつての考え方は、ひたすら仕事をすることで、効率性や長時間労働の

問題を考えていないこともあったでしょう。近年の考え方には、「いかに働かないで自身の生活を守り、仕事以外の時間を充実させるか」という傾向があるように思えますが、これからは、さらに進んだ考え方が重要です。つまり、「仕事をしていない時間」で人生を充実させるだけでなく、「仕事をしている時間」も充実させることが求められるのです。仕事でも活躍しながら、自身の健康を守ることが必要になります。このことは、見方を変えれば「自身の健康を守ることが、仕事で活躍することにつながる」とも言えるのではないでしょうか。

2-3-2. マインドの重要性

　企業などで人材育成計画を作成する場合、従業員の教育を「知識」「スキル」「マインド」に分けて計画を作っていくことがあります。

「知識」とは「知っていること」です。知識を増やすためには、知識が得られるよう講演を聞いたり、読書をしたり、体験をすることが多いです。

「スキル」とは、単に「知っている」というだけでなく、「その知識を業務に活かせる」ということです。その知識をもって行動することが必要な場面に行き当たった場合に、瞬時に活用できるよう、繰り返しトレーニングをする必要があります。

　最後に、「マインド」です。知識やスキルがあっても、「やらない」ことがありますが、それは、「別のことを先にやりたい」、あるいは「やりたくない」という意識に起因していることが多いと考えられます。「忙しいのでしない」「働く意欲がないのでしない」ということは、珍しいことではないと思います。ただし、人材教育を考えるにあたって、この「マインド」は非常に重要です。

　どんなに知識を得て、それを使いこなすスキルがあったとしても、「マインド」がなければ実践につながりません。逆に、マインド（＝やる気）さえあれば、組織の制度に頼らずとも、自ら知識を得たり、活用したりすることもあるでしょう。自主学習も教育の一環であると考えるのであれば、そのような学習意欲を持つような組織にすること自体も、マインドに係る研修方針と言えます。

　マインドを育てるための意識教育は座学だけでは不十分です。討議や実

際の行動、またはその繰り返しによって習得しやすくなる傾向があります。健康的な働き方について、その方法を覚えたり実行したりすることも重要ですが、それを実行しようとする意識的な働きかけをしていくことは、避けては通れません。

　従業員にどのようなマインドをもってもらうのかは、組織の教育方針や働き方の方針につながります。マインドの設定として、方針を立案し、従業員に対してそれを啓蒙していくことで、真にこの取組みを定着させることになるでしょう。

2-3-3.　健康確保と会社への貢献を両立するモデルを目指す

「健康確保のための制度をつくる」と言っても、フリーライダーやサボタージュの従業員を優遇する温床となることは避けなければならないのは、前述のとおりです。

　24時間の勤務を交代制で実施しているある組織での話です。これまでは、同じ従業員が交代で夜勤と日勤をシフトに入れながら、業務をこなしていましたが、近年は従業員の採用も容易ではないため、さまざまな勤務形態を取り入れました。その一つが、「日勤のみ短時間勤務を許可する」という制度です。

　日勤に限定して採用した従業員は、夜勤をしなくて済むことになり、健康を害さない環境を手に入れました。ところが、夜勤ができる従業員が少なくなったため、夜勤ができる従業員はこれまで以上に過酷な労働を強いられることになりました。日勤限定社員以外の従業員に、しわ寄せが来たのです。

　また、日勤のみの従業員であっても、その後の昇進・昇格には影響しないことになっていました。日勤のみの勤務形態で働くことは、夜勤手当がつかない以外のデメリットはなく、優遇されている状況でした。

　結果、夜勤のできる従業員は大量に退職し、さらに残った従業員に業務負荷が重くのしかかりました。当然、その組織の収益は落ち、採用のために多くの費用を費やし、結果として人間関係も悪化しました。

　この例で言えることは、**一定の環境下にある従業員の保護に力を入れても、サポートされていない従業員に対して負荷をかける結果になってし**

まっては、バランスを崩すことになるということです。事例の組織では、日勤専用の従業員以外に夜勤専用の従業員を採用することで、何とか持ち直すことができました。しかし、採用計画が混乱し、人件費が予算超過となったことは言うまでもありません。

　従業員の健康を確保することは重要です。しかし、組織として継続的に収益を上げているからこそ、ゆとりをもって業務を行うこともできますし、健康的な働き方に向けた対策を打てるのです。その母体を食い物にして従業員の健康を維持することにならないよう、留意する必要があります。

「経営と健康を両立させる」という考え方は、この取組みを進めるうえでの最重要ポイントです。

　病院などの医療機関では、もともと健康への取組みに近い組織であり、かつ、経営をしてきたことから、初めから健康と経営との両立を目指した仕組みを目指す方針をとっています。詳細は次項で紹介します。

2-3-4.　経営と健康的な働き方を両立する、医療機関における制度事例

　医療機関には厳しい勤務環境があります。単に人の命を預かっているからということではなく、入院施設や救急搬送を受ける施設があり、文字どおり365日24時間、業務が続いている状況にあるためです。

　医療機関は、必ずしも勤務環境が良いわけではないと考えられてきていました。残業代の未払いなどがニュースで問題とされることもあり、厚生労働省や都道府県から、医療機関の勤務環境改善を求める方針などが示されています。

　2014年10月１日には、改正医療法により医療機関の勤務環境改善に関する規定が施行され、各医療機関では、PDCAサイクルを活用して計画的に勤務環境改善に取り組む仕組み（勤務環境改善マネジメントシステム）が導入されることとされました。その一方で、厚生労働省は、勤務環境改善をサポートするための支援センター（医療勤務環境改善支援センター）を各都道府県に設置するよう要請し、現在、都道府県ごとに設置された支援センターが活動しています。これらの体制について、当初より勤務環境改善が経営と労務の２つの軸で考えられていました。

図表2-1. 医療従事者の勤務環境改善に取り組む医療機関への支援体制の構築

【事業イメージ（全体像）】
医師・看護師等の医療スタッフの離職防止や医療安全の確保等を図るため、国の指針手続き
を参照して、各医療機関がPDCAサイクルを活用して計画的に勤務環境改善に向けた取組みを
行うための仕組み（勤務環境改善マネジメントシステム）を創設するとともに、各都道府県ごとに、
こうした取組みを行う医療機関に対する総合的な支援体制（医療勤務環境改善支援センター）
を設置する。センター事業は地域の医療関係団体等による実施も可能。（都道府県の実情に応
じた柔軟な実施形態が可能。）

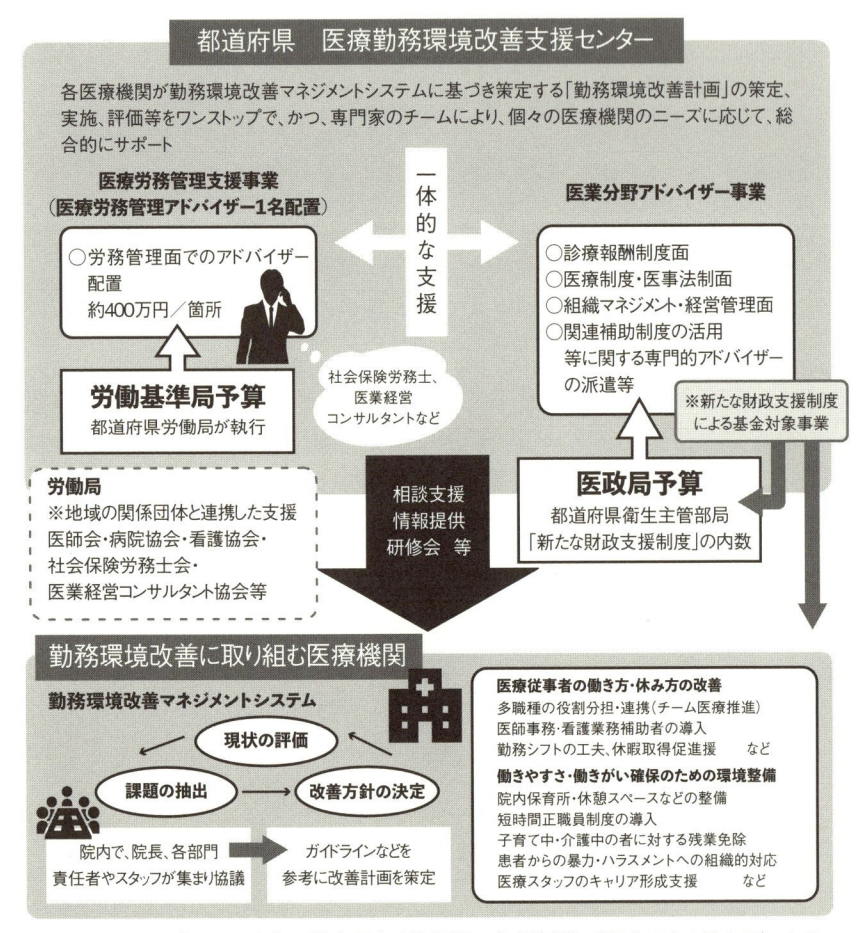

出所：厚生労働省「医療従事者の勤務環境改善関係　参考資料」（平成28年2月末日）より

　図表2-1.のとおり、厚生労働省の立場としても、「医療の質の向上」や「経営の安定化」の観点から、各医療機関のミッションに基づき、ビジョンの実現に向けて、組織として発展していくことが重要であるとした上で、そのためには勤務環境の改善が必要であるとしています。

　医療機関は、もともと人が集まって作業することを中心とした業態です。医師・看護師・薬剤師といった高い専門性をもった人材が医療機関に集まって、それぞれの専門性を発揮し患者等に対応することで価値を生み出します。医療機関をうまく運営するためには、人が集まってくるような施設になること——いわゆる「マグネットホスピタル[6]」という考え方——が重要です。優秀な人を集めることがその医療機関のサービスをより向上させる、すなわち、人件費と勤務環境改善のトレードオフとして働き方改善を考えるのではなく、いきいきと働ける職場になることによって品質と経営が向上するという考え方なのです。

　都道府県に設置された支援センターでは、社会保険労務士と医業経営コンサルタントが協力してサポートする体制が敷かれています。つまり、労務の視点だけでなく、経営の視点でも専門家がサポートするのです。

　医療機関は、人件費が収益の半分を超えることもあり、人中心の経営環境にあるという意味で、特別な業界とも言えます。しかし、多くの労働集約型の産業にとって、それは特異なことではありません。人材確保が組織の成長や安定に直結する組織は多いはずです。

　このように、勤務環境の改善は、費用の増加どころか収益向上や質の向上につながる経営手法なのです。

2-3-5.　労働集約型産業における働き方改善の意義

　「労働集約型産業」とは、労働者一人当たりの設備費用が少ない、人材に依存した産業です。特にサービス業はその傾向があり、先に紹介した医療機関もサービス業の一つと考えられます。

　労働集約型産業は、人による労働力に依存しているのですから、必然的

6　マグネットホスピタルとは、もともとは看護師を磁石のようにひきつける魅力ある医療機関のことを指す。近年では解釈を広げ、看護師以外の職員や、患者についても引き付ける魅力ある医療機関を指すことも多い。

に従業員の働き方によって業績が左右されることになります。結果、そうした産業においては、比較的経営と直結した課題として働き方改革を進める必要があると認識されやすいでしょう。一方で、資本集約型産業に属する組織は、「人材への依存が少ない」と考えられる可能性があります。

では、人にあまり依存せず運営できる組織は、健康的に働くという働き方への対策は二の次でよいのでしょうか。少数の従業員で組織を運用しているということは、一人ひとりの従業員にかかる責任が重く、代わりとなる従業員がいないこともあります。どのような産業であれ、人材は経営の重要なファクターであり、その対策は欠かせないものなのです。

2-3-6. 健康経営の推進にインセンティブを付与する事例

企業による従業員の健康増進への取組みに対して、健康宣言事業と連動した自治体による表彰制度や、地銀、信金等民間企業による低利融資などのインセンティブを付与する自治体や金融機関があります。

簡単に整理すると、次のようなものがあります。

【金融機関が提供するインセンティブ】

・融資優遇

・保証料の減額や免除

【自治体などによる認定表彰制度】

・自治体など独自の健康経営企業認定

・県知事による表彰

【公共調達加点評価】

・自治体が行う公共工事

・入札審査で入札加点

【自治体が提供するインセンティブ】

・融資優遇、保証料の減額

・奨励金や補助金

【求人票への記入】

・ハローワークなどで求人資料にロゴやステッカーを使用

※経済産業省商務・サービスグループ ヘルスケア産業課「健康経営優良法人2018　中小規模法人部門について」（平成29年11月）（http://www.meti.go.jp/policy/mono_info_service/healthcare/downloadfiles/2018nintei_setsumeikai_shiryo.pdf）より

　上記は組織に対するインセンティブの例です。働く個人に対するインセンティブについては、次項で解説します。

2-4. 個人の行動変容がキーとなる

2-4-1. 行動変容の重要性

　健康的な働き方を実行するのは、最終的には従業員個人です。そのプロセスにおいて、上司などのラインによるケアや外部有識者などによるケアがあるにせよ、自身の健康に対して無関心である従業員に、予防的なサポートをすることは非常に難しいでしょう。

　そもそも、健康な状態と罹患した状態は二分しにくいものです。いきなり病気になるというよりは、日々の習慣などが原因で病気であるという状態に徐々に近づくようなイメージが正しいのではないでしょうか。

　神奈川県では、「未病」の概念のもとに、健康政策を展開しています。健康と病気の間にある「未病」という概念をもって、普段の健康意識を向上させ、病気への予防を強く推し進めているものです。

　つまり、予防が重要である、ということです。「病気になったときの対策」より、「病気にならないようにする対策」は、自分は健康であると認識しているすべての人々が対象となります。また、本書のテーマである「働き手」も、今は重大な疾患を抱えていない（あるいは認識していない）場合が多いでしょう。医師などのサポートメンバーが深く義務的に踏み込めない「予防」の段階だからこそ、「本人の意識」が非常に重要と言えます。

　そういった人々に対する「病気になってから治療するのではなく、病気は予防するべきものである」という啓発は、効果的であると考えられます。本人の意識を変えて、健康的な行動をとるように仕向けるということが、ここでは非常に重要です。

　近年では、その考え方を行動変容モデルをもって説明することが多いよ

うです。「行動変容モデル」とは、人が行動（生活習慣）を変える場合は、「無関心期」→「関心期」→「準備期」→「実行期」→「維持期」の5つのステージを経るという考え方です（図表2-2）。

図表2-2．行動変容のステージモデル

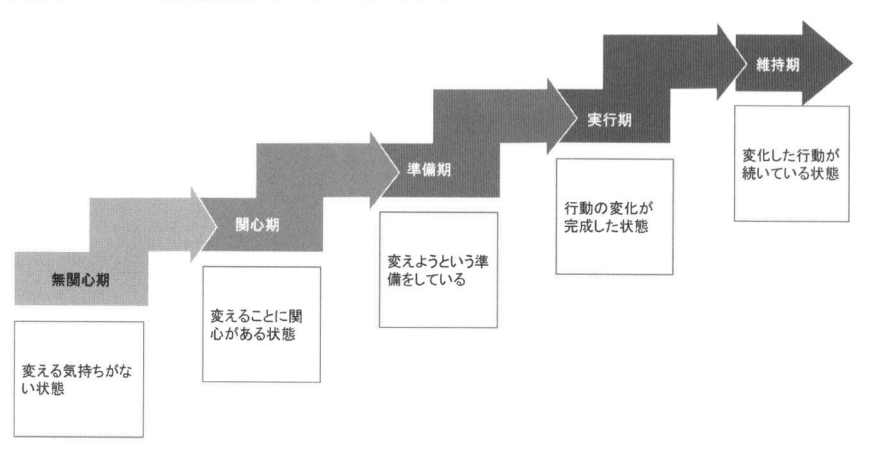

出所：厚生労働省「e-ヘルスネット」資料を参考に筆者にて作成。
実際の情報提供では、【無関心期・関心期】6か月以内に行動を変えようと思っていない・思っている【準備期】1か月以内に行動を変えようと思っている【実行期】行動を変えて6か月以内【維持期】行動を変えて6か月以上、との表現となっているが、本書に合う形で表現を修正している。

2-4-2. 無関心期からの脱出がカギ

ここでは、無関心期から関心期に移行するためには、どのような施策を講じることが必要かを考えてみます（関心期以降にどのように準備すればよいのかは、PART3において解説します）。

生活習慣や環境を変える気がない段階から、その気にさせること──「健康的に働く」ことについて無関心である人々に「このままではいけない」と思ってもらうこと──は、行動変容の始まりですが、最も時間がかかり、かつ最も重要です。

まずは、初期のアンケートなどで関心の有無を確認することが有用かもしれません。その関心の度合いにより、無関心層に対する働きかけを中心に取組みを始めるのか、あるいはその先のより具体的な施策を進めていくのかの方針を決定をすることになります。

　健康は「生活習慣」に基づくことも多いため、実行期・維持期に到達し、生活習慣を変えることができる状態になるまでの道のりは、非常に長いものです。「分かってはいるけどできない」というステージから、「行動を変える」というステージまで時間がかかることも行動変容モデルで説明されています。ステージごとに一歩一歩積み上げていくことや、手戻りがあったとしても、時間をかけて、繰り返し取り組むことが必要であることを理解しましょう。

　「手戻り」と言いましたが、例えば、健康に関するセミナーに参加した時、一時的にやる気になったけれども、その後は続かなかったということはよくある話です。思い出させるために、定期的に繰り返しセミナーを開催することや、目につくところに掲示物を貼る、メールで呼びかけるなどすると、定期的にモチベーションを確保するきっかけになります。

　また、無関心期にある人々の中には、「他人事」として捉えているために関心が低くなっているケースがあります。その人々が、「自分事」として捉えるようにどう仕向けるかについては、自身の健康診断の数値や、ストレスチェックの結果などの読み方を指導することが有効です。数字は分かりやすく、関心を高めるのに役立つでしょう。また、家族や同僚など、近しい人が健康について関心をもてば、職務の合間での話題にもなります。さまざまなタイミングでその話題に触れることで、関心の高まりを期待できます。

　「周辺の従業員をサポートする」という意味では、「自身だけが健康であればよい」ということではありません。特に部下がいる立場の人は、部下の健康に対して無頓着のままでは、「よい上司」とは言えないという気付きも必要でしょう。

2-4-3.　無関心層へのアプローチ
（1）健康以外のインセンティブ
　無関心層に対するアプローチでは、個人のインセンティブを深く考えることで、関心を持つように仕向ける取組みが考えられることもあります。「健康になること自体がインセンティブになる」という考え方もありますが、無関心層は、健康になること自体がインセンティブと認識していない

から無関心層なのです。健康になることがよいことだという主張を強めることも一つの手法ですが、健康以外のインセンティブを与えることで、中長期的に健康に意識を向けることにつながる可能性があります。

　例えば、電子デバイスに関心の高い従業員が、腕時計式の活動量計を利用することで、その表示される数値に関心を持ち、健康指標の向上を目指すことにつながることがあります。多くの組織で、活動量計の配付や補助を行っているのは、健康以外のインセンティブをきっかけに無関心層を関心期に移行させる狙いがあるとも考えられます。

　活動量計の事例以外にも、保険者などで導入されているポイント制度を活用して、健康づくりに対する取組みにポイントを付与することも考えられます。事例によっては、そのポイントは物品などに還元されるというケースもあります。また、表彰制度を行うなども考えられます。健康以外のインセンティブとして、さまざまな仕組みが考えられそうです。

　最終的な目的は自発的・積極的な健康づくりに向けて取り組んでもらうことですが、いきなり健康づくりへの関心を求めるのではなく、このように他の手段（健康以外のインセンティブ）を経由して、最終的にゴールに導くということも、一案と言えるでしょう。

（2）分かりやすい説明

　健康診断の結果が芳しくない場合は、精密検査のために医療機関に行くことを勧められることがあります。それでも医療機関に行かない人の中には、無関心から医療機関にかからないということがあります。もちろん、就業時間内に医療機関に行けないといったケースもが考えられますが、ここでは、無関心層である場合を想定して、対応策を紹介します。

　なぜ自身の健康診断の結果が芳しくないのに、関心を持てないのでしょうか。こうしたケースでは、その点を考えてみることが重要です。この問いに対する仮説として、以下のパターンが考えられます。

①健康診断の結果を見ていない
②健康診断の結果を見ても分かりにくい
　（「どの程度良くないのか」が分かりにくい）

③健康診断の結果がいつも悪いが、これまで重篤な事態に陥ったことがないため、慣れてしまっている

④健康を気にすることで、些末なことを気にしているように見られたり、ゆとりのない人間だと思われたくない

　健康診断結果の情報提供を行う場合に、本人の気付きにつながるような結果表示となっているかの問題が①②です。こうした場合、健康診断結果だけでなく、それ以上に本人に気付きを与えるような説明を加えるなどの対策が必要でしょう。もちろん、健康診断結果の表示自体も改善してもらうよう依頼することも考えられます。

　③は、健康診断の結果の表示が分かりやすい場合でも、いつも同じ指摘が書かれていることで、その結果を見ることに慣れ、関心を持てなくなるということです。こちらについても、単に健康診断結果が悪かったという通知だけでなく、いつもとは違うアプローチを考えてみる必要があります。

　ただし、以上の対策をとるにあたって、医師・歯科医師以外の者が診断結果を示すような、断定的に決めつける表現を用いることは法律などに抵触するおそれがあります。例えば、「あなたは●●病が疑われます」など、診断結果を示すような表現は避け、医学的判断を伴わない客観的な事実の範囲にとどめるなど、配慮することを忘れてはいけません。

　また、④のようなケースについては、健康を気にするより、好きなように酒を飲んで、夜更かしして人生を謳歌することは、潔いと考えられる文化をもっているということです。**人によっては、人生には、健康よりも重要なことがあります。**人にはそれぞれ価値観や優先順位があり、「すべての人が健康になるべきだ」といった強制的な論理を強要しても、本人の自発的な健康づくりにはつながらない場合があることを理解する必要があります。人が従来の考え方を変え、行動に移すまでには時間がかかるものです。健康を軽視する考え方をもつ人の環境が変わってきているという認識ができるまで、中長期的にも丁寧な情報提供を続けていくことが重要です。

　キックオフミーティングは、今後のスケジュールなどがメンバー間で共有された。プロジェクトメンバーには、西本、松田、同じ経営企画室の堀尾をはじめとして、各部門の課長クラスや、現場により近い主任クラスが15名選抜された。中には女性の営業主任である塚本も含まれていた。

　キックオフミーティングでは、メンバーそれぞれが何をなすべきなのかが完全には理解できておらず、緊張感も手伝ってか、特に意見が出ることもなかった。松田もプロジェクトマネージャーという役割は初めての経験であるため、多少ぎこちないところもあったが、大きな問題もなく、初回のミーティングを無事終了することができた。

「松田君、まずは初日お疲れさま。"働くことを考えることは人生を考えること"という発言はなかなかよかったね。私も引退後の生活を考えないとな」

　西本が笑いながらねぎらいの言葉をかけてくれた。

「専務、どうもありがとうございます。メンバーの皆さんもこういったプロジェクトは初めてのようだったので、私も含め少し緊張した雰囲気でしたが、徐々に皆さんの意見や考えを引き出していければよいかなと思っています。今回は我が社でも指折りのメンバーに集まっていただいているはずなので、不安もありますが、とても楽しみです」

「そうだな。プレッシャーをかけるわけではないが、ウチの社員は全般的に真面目だが、少し大人しいところがある。うまくこちらから質問を投げかけるなどしてプロジェクトをリードしていってくれ。私もプロジェクトはいくつも経験しているが、絶対によい経験になるぞ。期待しているよ」

「どうもありがとうございます」

　松田は少しほっとしたのか、自分の肩に力が入っていたことに気付くとともに、西本の存在をありがたく感じた。

　その夜、松田はこれからのプロジェクトの進め方についてぼんやりと考えていた。このようなプロジェクトを遂行するための手段は、これまでにもビジネス書やセミナーなどで自分なりに勉強しており、何となく進め方は理解していた。しかし、実際に取り組むのは初めてであり、改めてプロジェクトの進め方

について整理する必要があると感じていた。

　オーソドックスな問題解決プロセスを当てはめると、まずは「あるべき姿」を考え、それから「現状」を分析し、そこから「ギャップ」を把握して「対策」を考える——という流れをたどるはずである。ここでの「あるべき姿」とは、「社員が求める働き方」と言えるだろう。まずはメンバーにこれを考えて意見を出してもらい、それらを取りまとめて一つの形にしていけばよいのではないかと考えた。

　そこで、今日のプロジェクトへの参加の御礼とともに、次回のプロジェクトミーティングに向けてメンバーに考えてきてもらいたいテーマを連絡することにした。そのテーマとは、「自分が今、あるいは将来どのように働いていたいか」である。松田は社内でも優秀な社員たちと前向きなディスカッションができることを期待した。

　キックオフミーティングから2週間後、第2回目のプロジェクトミーティングが始まり、まず松田が口火を切った。

「今日は、我が社でのあるべき働き方について考えてみたいと思います。どんな状態であれば社員の皆さんがやる気をもった働きやすい職場になるのか、メンバーの皆さん自身がどのように働きたいと考えるか、事前にメールでもお願いしていたかと思いますので、ぜひ前向きで忌憚のないご意見を出していただければと思っています」

　まだ2回目ということもあって、メンバーはあまり積極的に発言しようとせず、多少の緊張感が流れていた。そんな中、堀尾が最初に口を開いた。

「経営企画室の堀尾です。改めまして皆さんよろしくお願いいたします。今回、松田室長からお題をいただいて、ちょっと考えてみたんですけれど、"定時に帰ってプライベートが充実しているような働き方がよい"という風には、私はあまり強く思いませんでした。それよりもむしろ、ルーティンワークなどがなくなって、自分がやりたい仕事を思う存分できるような職場環境があったり、自分が一緒に働きたいと思える人達と一緒に仕事できる環境があると、とても嬉しいしありがたいかなと思いました。そう考えますと、今より多少残業は減った方がいいかなとは思いつつも、私が希望する状態は今実現できているのかなと思ったりもしました。多少の改善余地はあるかもしれませんが、そんなに今

の状況に不満がないかもしれません」

「堀尾さん、最初の口火を切っていただいてどうもありがとうございます。今は結構充実しているということですね。働きたいと思える人と一緒に仕事ができる環境があるということで、それは上司の私としてもとても嬉しい意見でした」

　メンバー間に少し笑いが起き、緊張感が少し和んだように感じ、松田は少しほっとした。

「さて、その他の方はいかがでしょうか。ぜひとも忌憚のないご意見をいただけるとありがたいです」

　そう促すとメンバーの一人が話をし始めた。

「事前に課題をいただいていたのですが、私はどうもあまりイメージが沸きませんでした。前回、"働き方"とか"ワークスタイル"といった言葉が並んでいましたが、今回の目的は労働生産性の向上ですよね。労働生産性と言っても、結局その会社で扱っている商材によって当然異なってきますし、それは国レベルでも同じ話ではないかと思ったりします。この間、少し調べてみたのですが、労働生産性の高い国は、政策が違ったり雇用の流動性が高かったり、世の中のルールがそもそも日本と違います。そんな中で我が社のような一企業がいくら頑張ったところで日本の労働生産性を上げることはできないし、そもそもこれまでも労働生産性なんてことを考えながら仕事してきたわけじゃないから、あまり実感として感じにくい。会社からは、"単に効率性を上げてもっと無駄なく働きなさい"と言われているだけのような気がします」

　松田は、少しばかり和んだはずの空気が一瞬にして凍り付いたように感じた。すると違うメンバーも続けざまに口を開いた。

「私も同感です。そもそもこのプロジェクトに、なぜ私が呼ばれたのかもよく分かっていません。正直なところ、"働き方改革"とか"ワークスタイル"と言われても、"世間がやっているからウチもやってみる"といような雰囲気にしか感じません。

　もちろん、このようなプロジェクトメンバーに参加させていただくことは光栄ですし、会社としての取組みということなので協力はさせていただきますが、"あるべき働き方"と言われても全然イメージが沸きません。今の働き方がそんなに悪いのでしょうか。そんなに非効率なのでしょうか。みなさん真面目に働

いていますし、そういった人たちがちゃんと認められるような職場になることがよいのではないでしょうか」

　松田は、内心頭を抱えた。確かに二人の言うことは理解できる。松田自身もそういったことを感じなくはない。ただ、ここでプロジェクトを取り仕切る身として、同調してしまってよいものなのか。松田は少しの沈黙の後、何とかその空気を打破しようと言葉を選びながら話し始めた。

「忌憚のないご意見、ありがとうございます。そもそもこのプロジェクトが何のために発足したのか、社長がどのような思いでこのプロジェクトを立ち上げたのか、前回の私の説明が不十分なところがあったかと思います。その点については、まず率直にお詫びしなければなりません」

　松田はそう言うと、背中に伝う冷や汗を感じつつ、頭をフル回転させながら続けた。

「目的については改めてご説明いたしますが、今おっしゃっていただいたことは、みなさんの率直な実感なのだと感じます。プロジェクトの最初に今のご意見をお聞きできて、非常に良かったと、今、私は感じています。"本社はそういうけれども現場は違う"といった話をよく聞きますが、働き方そのものも本社と現場では異なりますし、部署や職種によっても違うかもしれません。おそらくプロジェクトの中で検討していくべき取組みは、全社一体での画一的なものではなく、その部署や職種などの実態に合った形での働き方というのを検討していく必要があるのかなと感じました。いかがでしょうか」

　10秒ほどの沈黙が流れた。松田にとってはそれ以上に長い時間に思えた。と同時に、この二人のメンバーから、少しでもよい反応が返ってくることを祈った。

「……松田さん、そうです。今おっしゃっていただいたように、実態を踏まえての議論が必要と思います。多分、"働き方改革"について世の中にはたくさん事例が既に出ていますが、同じことをやったからと言って、我が社の社員の働き方が本当に変わるかと言うと、変わるかもしれないし、変わらないかもしれない。それはきっと、会社から一方的に良かれと思ってやったものがフィットしている職場なのか、していない職場なのかということかと思います。分かりやすい例で言うと、フレックスタイム制がよいと言っても、どの部署にも取り入れられるものでもないし、副業や在宅勤務なども同様です。社内にカフェの

ような施設を取り入れたって、その恩恵にあずかるのは本社の社員だけであったりもします。あるべき姿は大事ですが、まずは実態を共有してから議論を進める方がよいのではないでしょうか。本社は現場のことを、現場は本社のことを、もっと知り合う必要があると思います」

松田は、ほっとするとともに、建設的な意見が出たことに心から感謝した。また、このメンバーたちと一緒に議論をしていけることを頼もしく感じた。

第2回プロジェクトミーティングの後、松田は部屋を出ると、西本から呼び止められた。

「今後のプロジェクトの進め方だが、どのようにしてくつもりだ？」

今日のプロジェクトミーティングには西本も出席していた。特に発言することなく、松田の横でじっと腕組みをして聞いていただけであった。

「専務、ありがとうございます。今日のミーティングはとても有意義であったと思うのですが、進め方については、まだ私の中では"こうやって進めていくべき"という確信的なものはないというのが正直なところです」

「なるほど。今日のミーティングの中で、本社と現場、部署や職種によって違いがあるという話になっていただろう。各組織の実態を一度分析してみて、プロジェクトの中で共有していくという進め方はどうだろうか。まぁ、いわゆる組織分析みたいなものだな」

松田は以前、組織分析に関する書籍を何冊か読んだことがあった。あまりはっきりと覚えてはいないが、自宅の本棚の奥深くに眠っていたことは覚えていた。確かにまずはお互いを知り、興味を持ち合うということは、今回のプロジェクトにかかわらず建設的な意見を出し合う上で必須であることと感じた。

2-5. 業務・組織のタイプと健康的な働き方

2-5-1. 業務・組織のタイプによって変わる健康的な働き方の対策

　健康的な働き方を目指すうえで、そのプロセスは組織のタイプによって異なります。例えば、工場の作業や、経費のチェックをする場合は、それぞれが独自性をもって自由に作業をすることは少ないでしょう。ルールに沿って、モノを組み立てたり、資料を確認したり、全員が同じような行動をするような仕組みが業務のクオリティを高めるような業務を想定してみましょう。そのような業務についている従業員に対しては、規定やルール、マニュアルにおいても業務制限や申請などにおいて、過剰労働を抑制するような仕組みを記載することで、その行動を誘導することがしやすいと考えられます。ルールが明文化されている業務は、伝達する仕組みがマニュアルとして既にあるため、そのマニュアルなどに追記していくことで、ルールを変えやすいと言えます。

　一方、自分で独自に最適な方法を考え、働くことが多い業務もあります。デザイナーや企画、クリエイティブな作業、そして、新規事業を手探りで進める時も、決まりきったものがないという意味では、自由度が高くなります。その場合、マニュアルに書いていることが少ないか、マニュアルが形骸化していることも考えられます。したがって、上記の例と同様の対策では、効果的な対策にならないことが多いでしょう。

　このように、業務のクオリティを高めるために、一方は規律を重んじ、一方は自由を重んじています。これらのさまざまな業務タイプに対して、それぞれにより効果的なアプローチを考える必要があると考えられます。さらに、より広義に考えるならば、業務のタイプだけでなく組織のタイプによっても、効果的なアプローチを考えていく必要があると言えます。

　組織には、明文化されていなくても、働き手によって知覚されていて、働き方の考え方や行動に影響を及ぼす風土・傾向があります。その風土・傾向を本書では「組織風土」と呼びます。組織風土は、それがルールに影響することはありますが、ルールそのものではありません。組織風土は、暗黙の認識でありながら、多くの従業員が幅広い行動の中でその影響を受けるものです。

そこで、健康的な働き方の実現に向けて、組織風土によって特徴を分類して、実践に移すことを提案します。

2-5-2 なぜ組織風土に応じて健康的な働き方に対するアプローチを変える必要があるのか

本当に組織風土の違いによってアプローチを変える必要があるのか——そのように考える方もいるのではないでしょうか。

例えば、ロート製薬は、全従業員を対象にしたプロジェクトを設立し、全員で取組みを進めている代表的な事例です。会社組織として健康経営に取組み、健康経営銘柄に選定されていいます。社長以下多くの社員が集まるイベントも行われています。まさに、全社での取組みとして、全員参加を前提としたアプローチが成功した例と言えるでしょう。

同社は、「社員のロイヤリティー・愛社精神が高い会社[7]」と表現されることがあります。伝統的な企業では、自身の会社に対するロイヤリティーが高く、従業員は家族のように親しい存在であることも多いでしょう。

特に、多くの人数を抱える、かつての製造業などの業種では、従業員の統制をとることは容易ではありません。そこで、会社へのロイヤリティーを利用するなどの手段が考えられます。

筆者はメーカー出身であり、そこでは数万の従業員が働いていました。多くの従業員が会社の寮に入るなど、プライベートも共有するような従業員同士が近い距離感にあるような間柄で、新人として軍隊的な指導も受けました。新人教育の一環で、飛び込み営業もしました。

そのような組織風土の中で、残業は横並びで全員が遅くまで残り、誰かの仕事が残っていたら助け、残っていなくてもコミュニケーションのために残業をするようなところもありました。当然、人からプライベートを隠すような生活ではなく、非常にオープンな生活になります。皆がやっていることを見ながら、特殊なことはせず、その中で競い合い、助け合っていました。

一方、筆者がその後に経験したシンクタンク（研究職）やコンサルティ

7　一般社団法人日本経営協会ウェブサイト（http://www.noma-kansai.jp/topics-public/post-86.html）の表現より

ング業では、自由度が高く、自己責任を追及する風土がありました。この職種では、プライベートなことにはあまり踏み込まず、踏み込みすぎると煙たがられる傾向にあります。業務も個人の裁量で進みます。報告は定量的なことが多く、定性的な部分もありますが、簡潔に報告することになります。

業務においても、同様の傾向がありました。メーカーでは、仕事上の行動も筒抜けになっていましたが、研究職・コンサルティング職ではどちらも他人に開示される部分は少なく、同僚がどのような業務をしているのか分からないケースもあります。2つの業種では、管理される深さも圧倒的に違います。メーカーでは徹底管理されますが、研究職・コンサルティング職では管理は緩やかです。暗黙のルールもメーカーは非常に多く、研究職・コンサルティング職は、日頃のやりとりが少ないこともあり、明文化されたルールにのみ従うようなところもありました。

このように、メーカーとシンクタンク（研究職）・コンサルティング業では、組織風土が異なるということがお分かりいただけると思います。

前者の組織風土は軍隊的かつ家族的であり、上司の言うことを伝えやすい土壌があります。しかし、ルールと実際の行動が異なることもあります。皆が一斉に取り組むような施策は、効果的でしょう。一方で、誰か特定の人だけに対する取組みは個別に実行しにくいかもしれませんから、組織として、上司から伝達するなどして、行動するように仕向けることが必要になります。ロート製薬の事例のように、全社一丸となった取組みを最初から進めることがポイントになるかもしれません。

一方、シンクタンク（研究職）・コンサルティング業ではどうでしょうか。おそらく、ルール化することが行動につながりやすく、その理由もきちんと説明し、それがどのような意味があるのかを納得して、個人個人の意思で実行することを助ける方法がよいでしょう。個人的なインセンティブなども効果が高いと考えられます。

それでは、組織風土を分析して、そのタイプ別に実施のコツを見ていきましょう。

2-5-3. 組織風土の分類

　ここで、組織風土を図る尺度を紹介します。

　先行研究を確認すると、組織風土尺度は、まず外島・松田が Moos の職場環境尺度[8]を応用して30項目からなる尺度をつくったものがあり、その後、福井らによって12項目に短縮したものがあります[9]。組織風土は「伝統性尺度」と「組織環境性尺度」の2つの下位尺度で構成されます。

・伝統性尺度：30項目からなる組織風土尺度において、強制的・命令的で封建的な風土を表す。「会社の伝統や習慣はかなり強制的なものと考えている社員が多い」などの項目からなる質問をすることで測定される
・組織環境性尺度：30項目からなる組織風土尺度において、構成員の参加度が高く合理的な組織管理がなされているかの尺度。「ミーティングの議題はよく整理され全般に及んでいる」などの項目からなる質問をすることで測定される

（1）「伝統性尺度」（強制的・命令的で封建的）を測る項目の例
「管理者（部長課長）は、叱ることはあっても褒めることはまれである」
「会社の方針や規則に従うように厳しい要請がある」
「管理者はどちらかと言えば絶えず社員をチェックしている」
「会社の伝統や習慣はかなり強制的なものと考えている社員が多い」
「会社には個人の存在を無視するような風潮がある」
「仕事はすぐに取り組まないと何か言われそうである」
（2）「組織環境性尺度」（従業員参加度が高く合理的な組織管理）を測る項目の例
「ミーティングの議題はよく整理され全般に及んでいる」
「ミーティングの成果は必ず次の仕事に活かされている」
「社員には何が何でも自分の役割を果たそうとする姿勢が見受けられる」

8　Moos RH. Work Environment Scale: Manual California:Consulting Psychologists Press 1981.
9　福井里江ほか「職場の組織風土の測定 - 組織風土尺度12項目版 (OCR-12) の信頼性と妥当性」産業衛生学雑誌46巻6号 （2004）213頁以下

「社員はたいへんよく仕事をしている」

「その日に行わなければならないことは詳細な点まで社員に説明されている」

「中間管理職の注意や指導は詳細な点まで及んでいる」

※「はい」2点「いいえ」1点として各尺度で合計総得点を算出（図表2-3）

図表2-3. 組織風土の確認シート

伝統性尺度	はい：2点	いいえ：1点
管理者（部長課長）は、叱ることはあっても褒めることはまれである	☐	☐
会社の方針や規則に従うように厳しい要請がある	☐	☐
管理者はどちらかと言えば絶えず社員をチェックしている	☐	☐
会社の伝統や習慣はかなり強制的なものと考えている社員が多い	☐	☐
会社には個人の存在を無視するような風潮がある	☐	☐
仕事はすぐに取り組まないと何か言われそうである	☐	☐
組織環境性尺度		
ミーティングの議題はよく整理され全般に及んでいる	☐	☐
ミーティングの成果は必ず次の仕事に活かされている	☐	☐
社員には何が何でも自分の役割を果たそうとする姿勢が見受けられる	☐	☐
社員はたいへんよく仕事をしている	☐	☐
その日に行わなければならないことは詳細な点まで社員に説明されている	☐	☐
中間管理職の注意や指導は詳細な点まで及んでいる	☐	☐
合計		点

出所：前のページ、「福井里江ほか「職場の組織風土の測定－組織風土尺度12項目版（OCR-12）の信頼性と妥当性」産業衛生学雑誌46巻6号」を参考にトーマツにて作成

組織風土尺度は、「伝統性尺度」「組織環境性尺度」の２軸の高低をそれぞれ確認し、以下の４つの型に分類することできます。

> ・シブシブ型：強制的・命令的で封建的であり、かつ、従業員参加度が高く合理的な組織管理をする
> ・イキイキ型：非強制的で裁量の幅があり自由度が高く、かつ、従業員参加度が高く合理的な組織管理をする
> ・バラバラ型：強制的・命令的で封建的であり、かつ、合理的な管理がなく社員の参加意識が低い
> ・イヤイヤ型：非強制的で裁量の幅があり自由度が高く、かつ、合理的な管理がなく社員の参加意識が低い

　伝統的尺度が高いと、職場のストレスが高く、職場の支援が少ない傾向があるとされています。逆に組織環境性尺度が高いと、その逆の傾向があるとされています[10]。

　つまり、伝統的尺度が低く、組織環境性尺度が高い「イキイキ型」の組織では、社員の精神健康度が最も高く、職場への満足度も最も高くなりやすい傾向があります。

　それでは、組織風土を変え、イキイキ型の組織風土を目指すことがゴールなのでしようか。組織風土は、これまで、その組織の長い歴史の中で培ってきた経験が蓄積されているものです。例えば、「統率のとれていないチームでは業務がうまく進まない」という過去の経験があると、強制的な環境になりやすいものです。また、厳重なセキュリティや安全管理が必要な業務である場合も強制的な環境になりやすい傾向にあります。入退室や作業時間のチェックを厳しくしたり、マニュアルどおりにやっているかどうかを重視したりして、厳しく確認する業務もあるでしょう。例えば、個人情報の飛び交う業務において、その情報が漏えいしないように、入退室時の従業員の電子デバイス持ち込みの制限をかけることや、メールの添付資料を上司が一つひとつチェックするというような運用をしている企業

10　石川産業保健推進センター「（職場）組織風土からみた職場におけるメンタルヘルス対策に関する調査研究」より

もあります。

　これらは強制的ルールであり、先の解説によれば満足度が低くなる要因となりやすいものです。とはいえ、こうしたルールを変えることで他のリスクをとることになったり、業務を継続的に行うことができないような状況に陥っては意味がなく、本末転倒と言わざるを得ません。

　また、組織風土はルールに影響されることもありますが、一方で、ルールよりももっと根強いものであることにも留意が必要です。ルールのように明文化していれば分かりやすく、変更することもできますが、組織風土はルールではないので、「今から変更しよう」ということはできません。つまり、「今の組織風土を受け入れながら、どのようにすれば働き方をよくできるのか」を検討することが重要となります。

2-5-4. 健康的な働き方に向けた取組み

（1）イキイキ型・バラバラ型

　イキイキ型の組織では、自由な組織であり、合理的な組織管理が行われています。もしあなたがこの組織に属している場合、理屈の上では、精神的に健康である可能性は高くなります。

　しかし、手放しで楽観視できるわけではありません。自由な組織で個人の自主性が重んじられていることから、全員が同じ行動をしているわけではないため、管理しきれない側面があることが考えられます。個々の従業員に気を配り、一人悩みを抱えている従業員がいないかを配慮することが重要です。この部分は、バラバラ型の組織も同様に注意が必要です。

　そして、健康経営を進める場合、多くの企業では、全社での取組みを掲げ、組織のトップが健康担当役員を兼ねるなど、トップによるアプローチでの取組みが目立ちます。イキイキ型・バラバラ型は、トップダウンが利きにくい組織であり、トップによるアプローチをするためのツール（朝礼や懇親会などに代表される、意識共有のための仕組）が整っていないことがあります。例えば、昼休みにヨガ教室を開催するなどの配慮をしたとしても、参加するかどうかは個人の判断に委ねられ、欠席者が多くなることが考えられます。トップによるアプローチの利く企業であれば、「個人的には乗り気ではないけれど、参加してみたら案外よかった」というよう

に、個々の判断で壁をつくってしまうこともなく、いろいろな施策を試してもらうことが期待できます。

　トップによるアプローチや集団的行動がしにくい環境を理解して、個人の判断の段階でシャットダウンされないような呼びかけの工夫がカギになります。

（2）シブシブ型・イヤイヤ型
　シブシブ型やイヤイヤ型の組織は、強制的・命令的で、封建的な環境の組織であり、合理的な管理が行われる組織です。丁寧な管理がされていますし、従業員の行動統制としても、「右にならえ」という考え方をする傾向にあります。いわゆる、体育会系の組織です。

　先行研究の分析によると、ストレスフルである可能性が高いとされますが、悲観的な側面だけではありません。トップによるアプローチがしやすいことや、多数の従業員が行動を変えることで組織全体にその行動が伝わりやすい側面があるため、よい方向に働き方を修正していく時には、トップによるアプローチや大多数の従業員が働き方を変えるような仕組みをつくることで、全体が同じ方向に向かうことになりやすいと考えられます。

　もともと従業員をコントロールしている風土があるため、こうした職場環境をうまく活用して、働き方改革を進めることが期待できます。

2-5-5.　組織風土は「過去のもの」であり、マネジメント可能なもの

　このようにしていくと、皆さんが所属している組織文化がどのようなものであるか分析でき、その分析結果に応じて、どのようにすれば健康的な働き方に近付けていけるのかが理解できると思います。

　なお、ここで誤解を招かないように、組織風土について、少し解説を付け足します。それは、組織風土は「過去のもの」であるということです。

　あなたが所属している組織がいわゆる体育会系で、軍隊的な組織風土を持つ場合、それは、「かつての」あなたの業務が、組織的に動くことで利益が上がるような業務だったということです。これまでのあなたの会社では、多くの従業員が同じ動きをして、緊張感を持って取り組むことが会社の成功の糧となっていたということに起因して、そのような組織風土に

なっている可能性が高いのです。

　一方、自由を重んじる風土があり、例えば出社時間になっても誰も出社しないような組織である場合、個人がそれぞれ責任をもって業務をすることが重要であり、決まった時間に作業を開始すること自体が生産的ではない業務なのかもしれません。

　これらの組織風土は、過去の成功体験に基づいて築かれていることが多いものです。つまり、その風土ができたのは、過去の結果なのです。組織風土は明文化されていないために、ルールを変更すればただちに変わるものではありません。心に根付いたものであり、変えるためには時間がかかることも安易に想像できます。とはいえ、変えることはできます。過去の結果や環境によって自然とできあがっているものであるからこそ、次第に変わっていくものだとも言えるのです。

　先行研究によると、組織風土は、「その企業の経営者のポリシーであったり、社員の顔ぶれ、成功失敗の体験、業界でのポジション、組織体制、評価の仕組みなど、さまざまな要因によって形成される」[11]とされています。つまり、所属するメンバーの考え・成功失敗要因・業界でのポジション・体制・評価が変われば、組織風土も変わるということになります。

　環境の産物であるという点において、組織風土はマネジメント可能です。今ある組織風土は過去のものであると言いましたが、未来の組織風土とは、今の行動や考え方がそれを作っていくのです。

2-5-6.　組織タイプ別の健康的な働き方の意義

　健康経営が企業の持続的成長に資することとして、「生産性の向上や顧客サービスの向上」「ブランド価値の向上」「リスクの低減」があるとされています。このように包括的にメリットをまとめてみると、どのような企業や組織であっても、健康的な働き方から得られるメリットがありそうです。

　これがそのまま健康的な働き方を進める目的になるわけですが、組織のタイプによっては、その意義にも違いがでてくると考えられます。組織風土についての注意点は前述のとおりですが、それ以外の違いにおいても、

11　波頭亮『組織設計概論』（産業能率大学出版部、1999）31頁より抜粋

当然、健康的な働き方に対する考え方が変わってきます。

　ベンチャー企業などの少人数の組織であれば、一人ひとりが大きな役割を担っており、個人の健康が組織の存続に直結することがあります。集中力が必要な業務においては、健康状態によっては致命的なリスクを冒すことになります。徹夜明けの外科医に、朦朧とした頭で、目をこすりながら手術されることや、徹夜明けのドライバーの運転する車に同乗することなどを想定していただければよいかと思います。

　一方で、健康関連のビジネスを推進している組織や、健康経営に関わる商品・サービスを提供している企業では、組織内の健康的な働き方に対する活動自体が、営業活動につながることが考えられます。

　従業員に高齢の方が多いならば、健康に関心が高いことが想定され、健康に関するアプローチは届きやすいでしょう。健康に無関心な層が多い場合、無関心な方々にも届くようなアプローチをすることで、よりよい人材の獲得や定着が期待できるかもしれません。

　その他にも、性別に偏りがあるケースなど、従業員のプロファイリングを深めることで、健康的に取り組むことの意義を検討するヒントになります。従業員のプロファイリングには、年齢や性別はご説明のとおりですが、その他に住んでいる場所や性格、家庭環境などが考えられます。

　健康経営のアプローチを進めていくと、「うちの組織は特別だから、健康的に働くと言ったって」という意見がよくでてきます。その組織の特殊要素があるから、他組織の事例があてはまらない、ということもあるかもれません。逆に、他と違っているところが、健康経営に向けた取り組みの新たな意義となることだって、考えられるはずです。

【STORY〜組織分析結果の共有】

　第2回のプロジェクトミーティング結果を受け、プロジェクト主体で会社の組織分析を行うこととなった。全社の傾向とともに、各部署の特徴を把握するため、いくつかの属性で分析できるような質問項目を作成し、実施した。

　組織分析の結果、会社全体の傾向としては、強制的・命令的で封建的、かつ、従業員参加度が高く合理的組織管理をする「シブシブ型」であることが分かった。この結果は松田としては納得いくものであった。我が社には基本的に上司の方針や命令には従う文化があり、反論や議論は会社内ではそう頻繁には見られない。どちらかというと忖度したり、協調しながら和を大切にして行動する社員が多いと感じていた。しかし、「社員全体がイキイキと働いているか」「前向きに元気に楽しく仕事をしているような雰囲気を感じるか」と言われると、必ずしもそうではなく、何か少し意図的に作られたような雰囲気であるとも感じていた。ベンチャー企業で活躍している友人と話をすると、組織風土の違いを感じてしまうところがあり、その違和感はこれだったのかと、松田は新たな気付きを得ることとなった。

　一方で、部署別に見ると多少の違いがあることも分かった。特に営業現場では、「シブシブ型」よりも、むしろ「イヤイヤ型」の傾向が強く出ていた。イヤイヤ型は、非強制的で裁量の幅があり自由度が高く、かつ、合理的な管理がなく社員の参加意識が低いタイプである。営業職は単独で行動することが多く、会社の一員というよりは一匹狼的に活動することが多い。しかし、ノルマのような数字目標は当然ながら与えられる。このような環境から、会社全体とは少し異なる結果になったのではないかと推察した。

　翻って、今回のプロジェクト組織を考えてみた。メンバーは各部署で「優秀」と評価される人材が集められたものの、必ずしも全員が納得して参加しているわけではないことが前回のミーティングで判明した。しかし、社長のトップダウンであるため、メンバーは従わざるを得ないという状況である。組織としては「イヤイヤ型」に近いかもしれない。とはいえ、メンバー全員が納得しないまでも、最低限の役割は発揮してくれるであろう。

　しかし、それでよいのだろうか。このままでは、メンバーは「イキイキ型」の社員のような前向きな活躍はしてくれないだろう。今回のプロジェクトは、

無難に遂行するだけでは物足りないし、社長が考えるような成果は創出できない。勢いのあるベンチャー企業のように、野心家が集まり、言いたいことが何でも言える、メンバーが互いに切磋琢磨でき、メンバーそれぞれが持つ力を十二分に発揮できるようなプロジェクトにしたい、いや、しなければならないのである。

　松田はこの組織分析の結果をプロジェクトメンバーに開示し、組織の特徴を踏まえた上でのアプローチ方法を検討していくことを提案し、遂行していこうと考えるとともに、プロジェクトの目的について改めて共有することが必要であるとも感じた。そして、このプロジェクトを遂行できたときのゴールイメージ、すなわち社員全体が働きやすい環境で、健康的にイキイキと働けるようになることがこのプロジェクトのゴールであること、この取組みが決してネガティブなものではなく、ポジティブなものであることを伝えようと思った。

　松田は、プロジェクトメンバーに少しでもよいイメージを持ってもらおうと、他社の先行事例を調査し始めた。

2-6. 健康経営事例

2-6-1. 健康経営銘柄・ホワイト500取得企業から見えてくる企業タイプ

　健康経営銘柄取得企業には、いくつかの特徴があります。健康経営を取り組むにあたり、「**取組み方法**」と「**従業員へのアプローチ**」の2軸で分類することができます。「取組み方法」については、1領域集中的に実施し徐々に施策を広げていく方法をとる企業、一方で最初から網羅的に施策を設定していく企業があります。このような取組み方法をそれぞれ「**部分的アプローチ**」「**網羅的アプローチ**」と設定します。また、「従業員へのアプローチ」は、企業主導で制度整備・施策の実行体制整備等を行い、従業員の参加・参画を促す「**企業コミット型**」と従業員がどのような健康施策に取り組みたいか従業員自ら考え、提案し、実施する「**社員自律型**」があります。この2軸をもとに、4つのカテゴリー分けを行います。

　2018年の健康経営取得企業は新規取得企業が多く、取組みも多種多様ではありますが、あえて以下の4種類に分類します（図表2-4）。

- **網羅的アプローチ×企業コミット型**：企業もしくは健保組合主導でさまざまな領域の健康施策を整備し、推進、進捗管理等を実施しているタイプ。特徴としては、古くから福利厚生を整備している企業や労働組合との関係が強固な企業が多く、業種としては電気・運輸などのインフラビジネスが多い。
- **網羅的アプローチ×社員自律型**：従業員の要望を取り入れ、多岐にわたる健康施策を実施し、実施促進を行わず、従業員自らの活動を中心として実施しているタイプ。特徴としては、外資系企業や多様な職種や働き方の方が在籍している企業が多く、業種としては商社などが多い。
- **部分的アプローチ×企業コミット型**：企業もしくは健保組合主導で強みを活かした健康施策の整備、推進、進捗管理等を実施しているタイプ。特徴としては、健保組合とのコラボヘルスなどの生活習慣病関連の施策等を重点的に行っている企業や、常勤産業医・保健師が複数在籍している企業が多く、業種としては、医薬系商品・サー

ビスを行っている企業が多い。

・**部分的アプローチ×社員自律型：**従業員の要望を取り入れ、領域を特定して、自主的に実施しているタイプ。特徴としては、特定の傾向が出やすい企業や健康課題が顕在化されている企業が多く、業種としてはアパレルなど女性が多い企業や、特徴的な企業が多い。

図表2-4．健康経営の推進タイプ　4分類

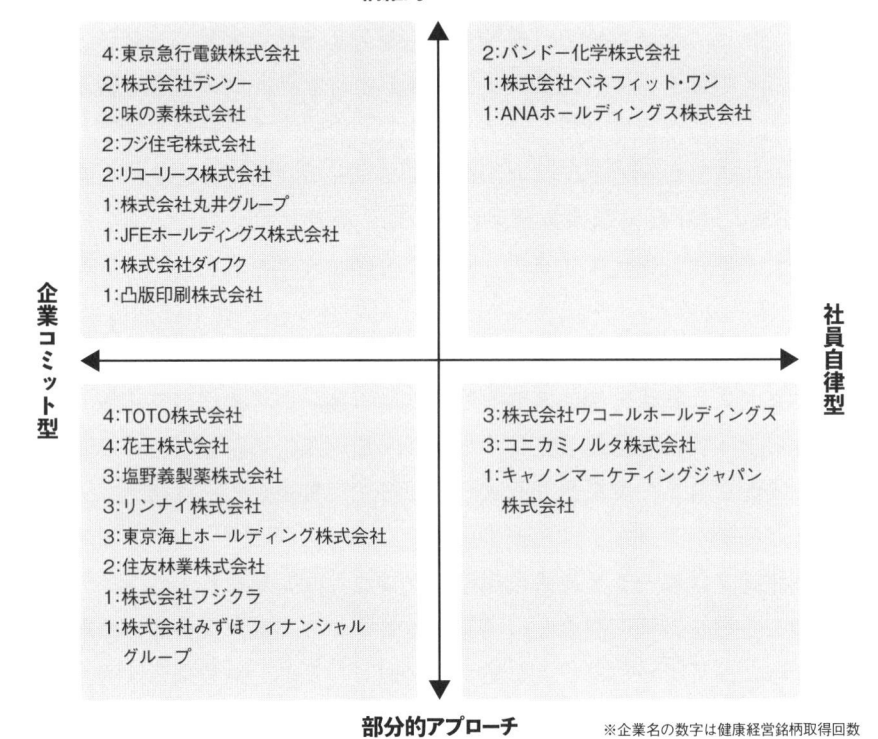

網羅的アプローチ

4:東京急行電鉄株式会社
2:株式会社デンソー
2:味の素株式会社
2:フジ住宅株式会社
2:リコーリース株式会社
1:株式会社丸井グループ
1:JFEホールディングス株式会社
1:株式会社ダイフク
1:凸版印刷株式会社

2:バンドー化学株式会社
1:株式会社ベネフィット・ワン
1:ANAホールディングス株式会社

企業コミット型　　　　　　　　　　社員自律型

4:TOTO株式会社
4:花王株式会社
3:塩野義製薬株式会社
3:リンナイ株式会社
3:東京海上ホールディング株式会社
2:住友林業株式会社
1:株式会社フジクラ
1:株式会社みずほフィナンシャルグループ

3:株式会社ワコールホールディングス
3:コニカミノルタ株式会社
1:キヤノンマーケティングジャパン株式会社

部分的アプローチ　　　※企業名の数字は健康経営銘柄取得回数

出所：健康経営銘柄2018　各社公開情報をもとにトーマツにて分析

2-6-2.　ローソン

【取組み概要（図表2-5）】

　ローソンでは、2012年に、全従業員に対する健康診断奨励施策として、受診しない場合は評価を下げるといいうディスインセンティブ制度を導入

し、話題を呼びました。2013年には、社長直轄の健康宣言プロジェクトが発足し、全従業員の健康診断の100％受診を達成するとともに、従来のコーポレートスローガンを「マチの健康ステーション」に変更し、従業員の健康管理やサービスを提供する消費者の健康を意識した方針に変更しました。2015年からは独自の「ローソンヘルスケアポイント」を実施し、自分自身の健診結果の振り返り、生活習慣の洗い出し、健康生活への習慣改善を行っています。

　さらに、全従業員が一緒に健康意識を高め、健康数値を改善するため、「健康チャレンジ90日」のスローガンのもと、健康増進期間を定めポピュレーションアプローチ[12]を行っています。具体的には、毎週1回、部門・部署ごとに健康活動を実施する「部門健康チャレンジ！」と、全本部からチーム（4名1組）を募り160チームで取り組むゲーミフィケーションを取り入れた健康施策を実施しています。また、禁煙外来受診者への補助や「禁煙チャレンジ！」など、全面禁煙に向けた取組みの強化を行っています。

　ハイリスクアプローチ[13]としては、「精密検査」階層以上の従業員を対象に、産業保健師が各事業場へ出向き面談するなどのフォローや、糖尿病リスクの高い従業員を対象とした宿泊型新保健指導により、医療費抑制に寄与しています。

　2016年には、業界初の「ローソングループ健康白書2016（2015年実績）」にて、健康施策の取組みを示すとともに、「肥満」「脂質」「血圧」「血糖値」「喫煙率」「疾病休職者数」「メンタル疾患休職者数」「男性育児休暇取得率」などの実績と目標値を示し、社内外へのアピールを行っています。

　こうした取組みが認められ、2015年から4年連続、健康経営銘柄に認定されました。

（1）ローソンヘルスケアポイント

　自社内の独自のポイント制度を導入し、宣言、知識習得、実行のそれぞれのステップの支援を行うとともに、実施・参加するとポイントが付与さ

12　ポピュレーションアプローチ…ここでは、幅広い対象に対して、健康になるためのノウハウを提供するなどのアプローチを言う。具体的な事例は本文のとおり。
13　ハイリスクアプローチ…ここでは、特定検診などでリスクの高い者を発見してアプローチするようなアプローチを言う。具体的な事例は本文のとおり。

れます。

①「健康宣言」を設定：自身の身体と向き合い、健康診断の結果から取り組むべき健康課題（目標）を設定し、スマートフォン（Web）にて100日間、毎日の行動のチェックをするとポイントが付与され、目標が達成できれば、さらにポイントが付与されます。

②「健康」について学ぶ：健康に関する e- ラーニングを受講し、テストに合格するとポイントが付与されます。

③「健康イベント」を実行：社内部活動や、健康に関する要素を盛り込んだレクリエーションを職場等で企画実行するとポイントが付与されます。

(2) 健康90日チャレンジ

従業員の健康意識を高めるため、特定の3か月間を健康増進期間とし、全員で取り組める施策を実施しています。

①部門健康チャレンジ！：部門ごとに週1回、ラジオ体操などの健康活動を実施するなどの取組みを行っています。

②禁煙チャレンジ！：毎週水曜日を禁煙デーとし、社内の喫煙ルームの使用を禁止（ただし加熱式タバコは可）し、禁煙デーの促進を行っています。

③ロカボチャレンジ！：ロカボとは、一般社団法人 食・楽・健康協会が推奨する食生活の改善、行動変革を促すための8週間のプログラムであり、一食当たりの糖質量を20〜40g にコントロールする食べ方である「ロカボ」への取組みを実施しています。

※出所：http://www.lawson.co.jp/company/activity/stakeholder/employee/health.html

ローソンでは、経営トップから社内外へ健康経営への取組みを発信している

✔ ローソンでは、「社員の健康は企業の資産である」と位置づけ、お客様を健康にするために「まずは社員が健康に」をスローガンに健康経営を推進している。

✔ 企業行動憲章にて「健康づくりや
ワーク・ライフ・バランスの実現
を推進します」と明記し、経営
トップからの社内外へのメッセー
ジとして従業員の健康維持の重要
性を発信している。

健康白書と健康宣言

✔ また、肥満、脂質、血圧、血糖値
などの2018年の社員健康目標値
を設定し、目標値に向けた数値の
推移や情報をまとめた「健康白
書」を毎年作成している。

出所：ローソンHP『健康経営』http://www.lawson.co.jp/company/activity/stakeholder/employee/health.html

図表2-5．ローソンの取組み

結果	生産性			―
	健康度	組織		部門健康チャレンジにより、組織単位で健康度向上
		個人	フィジカル	ローソンヘルスケアポイント導入により、個々人の健康度の改善
			メンタル	―
メリット	企業			―
	健保			―
	従業員			心身の健康
	従業員の家族			心身の健康
	取引先			―
成功のカギ				きめ細かい PDCA サイクルの徹底

出所：ホームページを参考にトーマツにて作成

2-6-3. ロート製薬

【取組み概要（図表2-6）】

　2002年に、「健康産業に従事する者は、心身ともに健康であるべき」「自身の健康は自らが守る、つくる」の理念のもと全従業員への体力測定を実施しました。2004年には従業員の心身の健康増進を専任に行う部署「オールウェル計画推進室」を設立し、従業員へ家庭薬膳の提案や自然派整体を提供する福利厚生施設「スマートキャンプ」の運営を実施しました。「スマートキャンプ」では、自然派整体、アロマトリートメント、ヘッドスパなどストレス発散の場をつくり、不安や悩みに対応するヘルプデスク、産業医や産業保健スタッフの充実、全従業員との健康面談実施などにも取組み、働く人がイキイキと元気に働けるサポート体制を構築しています。さらに、スマートキャンプでは、「食改善のきっかけづくり」として、一汁三菜を体験し、大気と体調の関係、旬のパワーの取り入れ方、食材の働きなどを、時間をかけて従業員に浸透していくこと目指しています。従業員の自発的な考えを取り入れ、さらに、長期にわたる改善に取り組んでいます。

　さらに、2014年に「チーフヘルスオフィサー（CHO）」を設置、健康に関する社内外の取組みをさらに強化する体制を整えました。具体的な健康施策推進のために、2011年に「健康増進100日プロジェクト」という全従業員参加型イベントを会長、社長以下役員・従業員全員で実施され、全員が一丸となって取り組んでいます。草の根的活動を続けた結果、健康水準を満たす従業員の比率は開始前36％から42％に上昇。8割の従業員で腹囲が1cm以上改善したとの実績も残しています。

図表2-6. ロート製薬の取組み

結果	生産性			—
	健康度	組織		スマートキャンプにてリフレッシュ体験
		個人	フィジカル	健康診断受診の徹底
			メンタル	—
メリット	企業			CHO による健康管理
	健保			—
	従業員			心身の健康
	従業員の家族			従業員の心身の健康
	取引先			—
成功のカギ				自らが考えて、施策を実施することで、自発的な取組みとなり、継続する

出所：ホームページを参考にトーマツにて作成

2-6-4. ダイフク

【取組み概要（図表2-7）】

　従業員の健康を事業の持続的発展の根幹を担うものと捉え、心身の健康維持・増進のための活動を継続的に実施しています。2006年から全社横断的な組織「こころと体の健康づくり委員会」を設置し、代表取締役副社長が委員長に就任しています。各事業所単位組織で産業医・保健師・健康保険組合と連携し、健診結果等の分析を踏まえて、健康増進施策やイベントを企画・実施しています。本社機能、生産部門など多くの職種や地域に合ったきめの細かい健康施策を行い、実施後は、実績や参加者アンケートの結果を翌年度以降の取組みに活かすなど PDCA サイクルを徹底しています。また、労働衛生を基軸に、早い時期から健康保険組合と連携してコラボヘルスの取組みを行っています。リフレッシュ、こころ、体、食、休職者の職場復帰支援の５領域の施策のバランスをはかりながら、それぞれ

の施策の PDCA サイクルを徹底していることがポイントです。

図表2-7. ダイフクの取組み

結果	生産性			—
	健康度	組織		代表取締役副社長が委員長に就任
		個人	フィジカル	コラボヘルスで実施
			メンタル	コラボヘルスで実施
メリット	企業			従業員の心身の健康
	健保			保健事業の推進
	従業員			心身の健康
	従業員の家族			従業員の心身の健康
	取引先			—
成功のカギ				PDCA サイクルの徹底

出所：ホームページを参考にトーマツにて作成

2-6-5.　伊藤忠商事

【取組み概要（図表2-8）】

「商社」と言うと、海外との時差がある中での業務や接待などが多く、健康的な生活とは正反対のイメージがあるかもしれません。しかし、伊藤忠商事は、「人材」は最大の経営資源であり、社員一人ひとりが最大のパフォーマンスを発揮できる「健康力」の向上こそが、コーポレートメッセージである「ひとりの商人、無数の使命」を果たす人材力の強化につながるものであると考え、これをモットーとしています。そのため、重要な経営戦略として「働き方改革」や「積極的健康増進策」を推進し、永続的な企業価値向上の実現に向けて取り組んでいます。2016年6月には、社長名で「伊藤忠健康憲章」を発表し、健康意識の醸成や取組みを社内外に

アピールするとともに、浸透を図りました。

　代表的な３つの健康経営の取組みとして、「朝型勤務制度」「アプリ・ウェアラブル端末を活用した健康意識醸成」「多様な健康経営施策による意識改革」に取り組んでいます。

（1）朝型勤務制度

　数年前から午後８時以降の残業を原則禁止し、朝型勤務の制度を導入しています。午前５時から８時までに出勤すると、約30種類の軽食の中から１人３つまで無料で食べられるインセンティブを従業員に与え、朝型勤務を促進しています。深夜まで長時間働くよりも早朝から限られた時間内で効率的に働くことが生産性を高めることを目標にしています。このような残業時間の削減や働き方の変化、業務の効率化などを行った結果、導入前比で20時以降の退館者は30％から５％に減少、８時以前入館者は20％から45％に増加、年間所定外労働時間は15％減少するなどの成果を上げています。

（2）アプリ・ウェアラブル端末を活用した健康意識醸成

　糖尿病の疑いや予備群と思われる従業員を対象に同意を得た上で、スマートフォンなどを使ったウェアラブル端末で日々の体重や歩数を記録し、データベース化する取組みを行っています。数値が悪化した場合には、産業医などが指導を行い、フォローアップ体制も完備しています。若手従業員の生活習慣病予備群、約100名への健康ウェアラブル端末を活用したWEB上での個別指導プログラムや、全従業員が健康診断結果閲覧や運動・食事等のデータを管理できるアプリを開発・導入し、予防や生活習慣改善に取り組んでいます。

（3）多様な健康経営施策による意識改革

　担当保健師・看護師が、若手従業員の国内外の全従業員にマンツーマンでサポートする「国境なきコンシェルジュ」制度や健康配慮型の統合独身寮の新設といった施策が行われています。特に統合型独身寮については、借上げ方式の寮もしくは、家賃補助という形に移行している企業が多い中で、時代の逆流とも言える施策であり話題を呼びました。従来の借上げ社宅では、場所にもよりますが、通勤に比較的時間がかかったり、同社が導入している朝型勤務に支障が出たり、退社後に外食をしたりするなど若手

社員の不摂生を助長することもありましたが、統合型独身寮はこれらの課題を解決するものです。新入社員の健康管理を徹底することを目的として、土日も含め、栄養バランスに留意した食事を提供するほか、先輩社員や同期社員との縦、横、斜めの交流を深める等コミュニケーション面の狙いも併せた効果的な施策として注目を浴びています。

伊藤忠商事では経営戦略の一環として、健康経営に対する考えを明文化した『伊藤忠健康憲章』を制定している

- ✔ 働き方改革に続き、2016年6月1日に健康経営に対する考えを明文化した「伊藤忠健康憲章」を制定した。健康憲章は福利厚生ではなく、経営戦略の一環と位置付けている。

- ✔ 伊藤忠商事は総合商社で初となる朝型勤務を2014年に正式導入した。昼夜関係なく働くイメージが強かった総合商社で働き方改革を次々に行い、一人当たりの生産性を高めていった。

- ✔ 2016年3月期には純利益で初の総合商社首位となった。1人当たり売上総利益や連結純利益は大手の三菱商事や三井物産に大きく差をつけている。

伊藤忠健康憲章

出所：伊藤忠商事 HP『伊藤忠健康憲章』(https://www.itochu.co.jp/ja/about/health/)、東洋経済オンライン『伊藤忠が乗り出す「全員健康経営」とは何か』(2016年6月15日)(https://toyokeizai.net/articles/-/122700)

図表2-8. 伊藤忠商事の取組み

結果	生産性			働き方改革なども影響して、業績良好
	健康度	組織		朝型勤務制度などにより、健康的な働き方
		個人	フィジカル	治療と仕事の両立支援などの施策導入 健康施策による意識改革
			メンタル	健康施策による意識改革
メリット	企業			生産性向上
	健保			―
	従業員			心身の健康
	従業員の家族			従業員の心身の健康
	取引先			―
成功のカギ				社長直下のプロジェクト推進 インセンティブの仕組み導入

出所：ホームページを参考にトーマツにて作成

2-6-6．ANA ホールディングス

【取組み概要（図表2-9）】

　ANA における「ANA グループ健康経営」は、CWO（Chief Wellness Officer）のもと、社員・健康保険組合・会社が三位一体となって推進しています。また、グループ各社の WL（Wellness Leader）が中心となり、社員の健康に関わる状況を正確に把握した上で、各種健康増進施策を進める体制を構築しています。

　具体的には、「健康管理の取組み」「疾病予防に関わる取組み」「メンタルヘルスに関わる取組み」「安全衛生活動に関わる取組み」に重点的に重点を置き、PDCA サイクルを回しています。

（1）健康管理の取組み

　ANA グループでは、グループ内の健康診断の項目や健康管理を行うた

めの環境を整備し、「適正なBMI値への誘導」「メタボリスク者の抑制」「喫煙率の低下」などの共通項目を作成し、結果についても全グループ社員が同じレベルで判定されるように判定基準を統一し、一括管理する仕組みを構築しています。

（2）疾病予防に関わる取組み

　ANAグループで働く社員の特徴を踏まえて、生活習慣病予防、がん予防、女性特有の疾病対策の3点を重点的に行っています。

　①生活習慣病予防

　各グループ会社にて目標とする健康管理指標を設定し、2020年までの、「BMI適正比率」「喫煙率」「メタボリスク者比率」の3項目の目標指標を設定。2017年度には、適正体重維持者率については71.4％となり、2013年度比2.3ポイント増加するなど、確実に成果を出しています。

　②がん予防

　日本人の死亡原因の上位となっている「大腸がん検査」を健康診断の検査項目や、全体の半数以上を占める女性従業員への対応として、健康診断項目へ乳腺エコー検査を追加など、がん検診促進とがんの早期発見早期治療を推奨しています。

　③女性特有の疾病対策

　女性従業員が多い女性特有の疾病対策として、11名に1名がかかると言われている乳がんの早期発見のため、「乳腺エコー検査」を健康診断の検査項目に追加し、検診受診促進と早期発見・早期治療に取り組んでいます。2016年度は、ピンクリボン月間（毎年10月）に、女性社員へセルフチェック時に使用する「乳房触診グローブ」を配布し、2017年度は、乳がんの「しこり」や「くぼみ」が体験できる「乳房触診モデル」を各地番に設置し、実際に触れてみることでセルフチェックの啓発など積極的に取り組んでいます。

（3）メンタルヘルスに関わる取組み

　ANAグループメンタルヘルスアドバイザー（精神科医師）を任命し、メンタルヘルスへの正しい知識の理解を勧めるとともに、管理職を対象としたラインケアセミナーによる理解促進に努めています。さらに、全グループ社員が自身のストレスに気付き、対応することができる「セルフコ

ントロール力」として、グループ独自の「ANA グループメンタルヘルス心得８カ条」を策定し、e ラーニングにて理解促進を図っています。

（4）安全衛生活動に関わる取組み

　安全衛生活動による取組みとして、「安全」「衛生（健康）」を強化すべく、グループ従業員が健康かつ、イキイキ働くことができる環境を整備するため、社内向けの体操「ANA グループ Exercise」を作成しました。Exercise を習慣化することで、健康増進につながるとともに、労働災害の防止に向けた意識の向上、リフレッシュなどの効果も期待されています。

図表２-９．ANA ホールディングスの取組み

結果	生産性			―
	健康度	組織		
		個人	フィジカル	生活習慣病予防、がん予防、女性特有の疾病対策の3点を重点的取組
			メンタル	ANA グループメンタルヘルス心得8カ条による施策の実施
メリット	企業			従業員の健康
	健保			保健事業の促進
	従業員			心身の健康
	従業員の家族			従業員の心身の健康
	取引先			―
成功のカギ				PDCA サイクルを徹底

出所：ホームページを参考にトーマツにて作成

2.6.7. ベネフィットワン・ヘルスケア

【取組み概要（図表2-10）】

　ベネフィットワン・ヘルスケアは、「"健康で明るい未来を創る"をテーマに人と企業の健康サポートを通じて社会に貢献する」を企業理念に掲げ、事業を展開しています。健康を支援する企業として貢献し続けるためには、第一に自分たち社員が心身ともに健康であり、イキイキと仕事ができる会社であることが、最も重要な経営の基盤と考え、率先して健康経営を推進しています。

　具体的には、健康教育と健康課題解決のための施策実施とその結果としての健康指標のモニタリングの徹底を行っています。

図表2-10. ベネフィットワン・ヘルスケアの取組み

結果	生産性			―
	健康度	組織		研修制度導入
		個人	フィジカル	モニタリングと教育の強化
			メンタル	モニタリングと教育の強化
メリット	企業			従業員の心身の健康
	健保			―
	従業員			心身の健康
	従業員の家族			従業員の心身の健康
	取引先			―
成功のカギ				健康教育によるセルフメディケーションの向上

出所：ホームページを参考にトーマツにて作成

健康教育としては、従業員と管理職の節目の研修を行っています。

図表2-11.　健康教育の例

		時間	内容
従業員	入社時	60分	・健康管理の重要性、適切な生活習慣に向けて （生活習慣病・メンタル障害予防） ・社内の健康支援制度の活用
	年6回	20分	・生活習慣病・メンタル障害等の予防に向けて （旬なテーマを）
管理職	チーム長 昇格時	60分	・部下の健康管理支援について （健診・保健指導の利用促進、メンタル対策について）
	年1回	60分	・生活習慣病・メンタル障害等の予防に向けて （旬なテーマを）

出所：ベネフィットワン・ヘルスケア　ホームページより

　さらに、健康施策の目標指標を以下のように設定しています。

図表2-12.　健康課題と取組み

	テーマ	数値目標	取組の内容	実施規模 ／回数等
健診・ 保健指導 の充実	健康診断 の受診	受診率100％	・健診予約代行 （日時決定） ・受診勧奨徹底 ・人事評価への反映	全社／年1回
	保健指導 の利用	受診率100％	・管理者・従業員の教育 ・健保との連携	全社／年1回 （6か月間）

	テーマ	数値目標	取組の内容	実施規模／回数等
より良い生活習慣の定着	食習慣の改善	行動変容ステージ維持期100%	・健康ポイント実施 ・健康ポータルによる情報提供	全社／随時
	運動習慣の定着	平均歩数8000歩以上100%	・歩数アプリ提供 ・健康ポイント実施 ・健康ポータルによる情報提供	全社／随時
	禁煙の促進	喫煙者0人	・外来禁煙プログラム提供	全社／年1回（2〜6か月間）
メンタル障害の予防	ストレスチェックの利用	受検率100%	・管理者・従業員の教育 ・個別受診勧奨徹底 ・自主チェック推奨	全社／随時
過重労働の防止	残業時間短縮	月平均45時間未満	・管理者・従業員の教育 ・管理システムの徹底	全社／月間チェック
	深夜残業禁止	10時以降残業者0人	・事前申請制度	全社／月間チェック

出所：ベネフィットワン・ヘルスケア　ホームページより

2.6.8.　丸井グループ

【取組み概要（図表2-14）】

　丸井グループでは、中長期的な観点から企業価値の向上を目標とする「健康推進部」を設置し、その部署が中心となり、従業員向けの健康教育や啓発などを通じて、従業員がイキイキと働くことのできるように、さまざまな活動に取り組んでいます。

　同グループでは、健康施策をディフェンスとオフェンスの両面から組み立てています。ディフェンスは生活習慣病やメンタルヘルス不調などの病気にならないことを目指す、守り的な活動が中心です。一方、オフェンスは、変化に適応して自ら考え行動し、活力の高い状態を目指す攻めの健康対策が占めています（図表2-13）。

図表2-13. 丸井グループ健康的経営

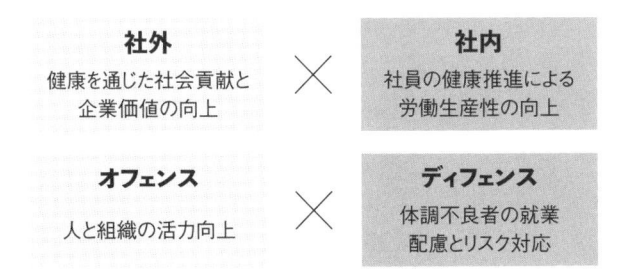

社外
健康を通じた社会貢献と
企業価値の向上

×

社内
社員の健康推進による
労働生産性の向上

オフェンス
人と組織の活力向上

×

ディフェンス
体調不良者の就業
配慮とリスク対応

出所：丸井グループホームページ
　　　http://www.0101maruigroup.co.jp/sustainability/theme02/health.html

（1）ディフェンスの健康経営施策

①セルフケア教育

全社員を対象とし、自分の健康状態を認識し、向上を促すための工夫を考える丸井グループ独自の研修制度です。

②「ヘルスアッププログラム」の導入

健康保険組合が中心となり「ヘルスアッププログラム」を開始し、メタボ率は全国・全健保組合と比較して、大きく減少してきています。2018年3月期の社員の健康診断受診率は99%、メタボ率は18.5%です。

③ウェルネスリーダー

女性社員の構成割合が高い中、女性従業員が健康に関する悩みを相談しやすい環境を創出するため、各事業所に女性の健康推進リーダーを任命し、女性特有の健康面の不安解消や健康づくりをサポートする健康相談窓口の役割を担っています。

④健康保険組合の保健事業

人間ドックをはじめ、「禁煙外来」やメタボリックシンドローム防止のために徹底した受診勧奨に積極的に取り組み、社員と扶養家族の健康増進を行っています。

（2）オフェンスの健康経営施策

①レジリエンスプログラム

「身体（食事・運動・睡眠）」「情動」「精神性」「頭脳」の4つの活力

を高める習慣形成を目指すプログラムを行い、労働生産性を高めるものです。

②健康経営推進プロジェクト

「健康を切り口に意識や行動を変えることで、一人ひとりが活力に満ち、最高のパフォーマンスを発揮するために、健康のオフェンス活動を推進する」というミッションを掲げ、座学やグループワークを通じ、「丸井グループらしい」健康経営を追求していく活動です（公募による参加）。

出所：丸井グループホームページより
　　　http://www.0101maruigroup.co.jp/sustainability/theme02/health.html

図表2-14.　丸井グループの取組み

結果	生産性			—
	健康度	組織		担当部署を中心に、有志を募り自発的な推進
		個人	フィジカル	ウェルネスリーダーによる健康促進
			メンタル	セルフケアの充実
メリット	企業			活力向上
	健保			保健事業の推進
	従業員			モチベーションの向上
	従業員の家族			—
	取引先			—
成功のカギ				ディフェンスとオフェンスのバランス

出所：ホームページを参考にトーマツにて作成

【STORY〜幸福度の必要性】

　プロジェクトは順調に進み始めた。プロジェクトの開始当初に、組織分析や部門ごとの分析の共有や、それぞれのお互いの思いを共有したことがきっかけになり、プロジェクトメンバーからも積極的な意見が出るようになってきた。

　こうしてFWプロジェクトは進められ、各部署における残業時間が減少傾向を示すなど、徐々に効果が表れてきた。プロジェクトが予定どおりに進んでいることもあってか、専務の西本はプロジェクトミーティングに参加しない日が段々と増えてきた。松田自身もこれまでのように深夜まで働くことはほとんどなくなってきた。堀尾も最近ではジムに通い始めたらしく、少し体型もスリムになったように見える。

　そんなある日、松田の同期で営業課長を務めている溝口から「久しぶりに飲みに行こう」という誘いを受けた。出身大学が比較的近いという理由だけであったが、溝口とは同期の中でも打ち解けられる仲間の一人だ。松田は経営企画室長という立場上、全社員を管理する立場にあることから、溝口以外の同期も含めてメールを介して連絡を比較的よく行うものの、実際に会うのは久しぶりであった。

　松田と溝口は、本社の最寄りの駅近くにある大衆居酒屋で18時頃待ち合わせをした。FWプロジェクトを実践する以前では、こんな時間から飲み始めるなどあり得なかったと、松田は改めてFWプロジェクトの効果を感じつつ、満足感に似たものを感じていた。

　周囲も薄暗くなり、家路につくスーツ姿が目立ち始めた18時少し過ぎたあたり、溝口が急ぎ足でやってきた。
「やぁ松田、久しぶりだな。すまない、少し遅れた」
「久しぶりだな、溝口。時間は気にするな。現場は大変だろうから。それにしてもお互いこうやって役職になって再会するとは、同期の頃は想像もできなかったな」
　少し昔を懐かしみながら、二人は居酒屋に入った。時間も早いからか、店内の客もまばらである。半個室に通され、早速1杯目のビールを注文した。
「どうだ、元気にしていたか」

「ああ。何とか元気でやってるよ。それにしても久しぶりだな。同じ会社にいるのに5年は会っていなかったか」

そう言うと、溝口はおもむろに電子タバコを取り出した。

「お前の営業所は業績好調だな。この調子でいけば最年少営業部長も夢じゃないな」

「ありがとう。経営企画室でも営業所単位の細かい業績をチェックしているんだな」

「同期の連中がどれだけ頑張っているのかはいつでも気になるもんだよ。本社はそういう情報も取りやすい場所だからな。営業所の業績だけじゃなくて、最近では人事部の方で各部署での残業時間のランキングを把握しているから、そういうものもチェックできるようになっている」

「なるほどな。お前からチェックされていると思うと、あんまり恥ずかしい結果は残せんな」

「気にするな。オレが勝手に興味本位で確認しているだけだからな。しかし、本当に頑張ってるよな。売上はだいたいトップ10には入っているし、残業時間もきちんと抑制できている」

「ありがとう。さすが、お前のチェックは細かいな。優秀な松田経営企画室長様のお墨付きなら、最年少営業部長の可能性もあるかもな。……まぁ冗談はさておき、オレはいい部下たちに恵まれたよ。本当に優秀で一生懸命働いてくれる奴らがオレの下には集まってくれている。お陰で楽させてもらってこんな早い時間から飲めるわけだ」

「なるほどな。お前の人徳のなせる業だと思うよ」

溝口は同期の中でも同性・異性問わず人気者で、最も頼りになる一人である。松田は心の底からそう思っていた。

「ところで松田、本社はどうなんだ？お前こそ経営企画室長って出世頭じゃないか。オレたち現場の人間からするとちょっと縁遠いというか、上から命令されているような気がするが、元気にやっているのか」

「そうだな。こっちはこっちでいろいろあるが、総じて満足してやっているよ」

松田は、経営企画室が日頃抱えている微細な問題もあると思いながらも、基本的には充実して仕事をしている自分自身の日常を思い浮かべながら言った。

「そうか、満足しているならよかった。……ところで、松田。ちょっと相談が

あるんだ。今日飲みに行こうと持ち掛けたのは、何も懐かしい話をして盛り上がるためにお願いしたわけではないんだ。」

「お前から誘いがあるなんて珍しいと思ったが、やはりそうか。で、何の相談だ？社内の機密事項は漏えいできんぞ」

「そんなことは分かっているさ。実はな、さっきも話に出てきたFWプロジェクトのことなんだが」

「FWプロジェクトか。溝口にも頑張ってもらっているお陰で、全社的にも効果が出てきているぞ。全社で残業時間も減少傾向にある。社長も西本専務もとても満足されていて、最近は上機嫌な日が多い。現場にもいい影響が表れているんじゃないか」

「それなんだが……実は、現場では結構混乱しているんだ」

「……どういうことだ？」

松田は眉間にしわを寄せ、少し身体を前に乗り出した。

「将来の仕事や健康を考えて、全社で活動を始めたのはよいことだとオレも思っている。ただ、一方で、現場の社員たちの中には、"残業代削減活動"と誤解している人間も少なからずいるのが実態だ。新しいITツールが導入されたり、提出すべき資料が簡素化されたり、仕事量を削減しようとしてくれているので、単なる掛け声だけの取組みでないことは十分理解しているよ。本社もよく頑張って取り組んでいると個人的には感じている」

「なるほど。で、その"残業代削減活動"ってのはどういうことだ？」

「実際には、現場の課長や社員たちには、思った以上に負荷がかかっているってことだ。オレは部下たちが優秀なのでまだいいが、部下が上司の思うように働いてくれない部署の課長は、部下の尻拭いをせざるを得なくなっている。部下が早く帰って上司が居残り、部下がやるべき残務処理を、課長自ら夜遅くまでやっている姿を見ることも珍しくなくなった。オレたち管理職は当然ながら残業代が出ないから、その実態は数字には表れない。逆に、上司思いの部下がいる部署では、そんなことは上司にさせられない、でも会社が働き方改革で要求する時間内に仕事を終わらせることもできない……という葛藤の中で、早めに打刻してこれまでどおりの残業を隠れてやっている部署だって実際にはある。すべてがこうなっているとは言わないが、こんな実態があることを本社はちゃんと把握しているのか？」

松田は頭を殴られたような衝撃を受けた。残業時間が減少傾向にあるのはプロジェクトの取組みがうまく進んでいるという証であると思い込んでいたため、溝口の話はまさに青天の霹靂であった。

「そんなことが起こっているのか。実態としてはサービス残業に近いことが行われているということなのか？」

「オレは部下たちにちゃんと残業をつけるようには指導しているが、すべてが正確につけられているかどうかは分からないのが正直なところだ。残業時間の削減がオレたち管理職の目標にさせられている実態もあるだろう。ランキングで人事部から監視されていることだって知っている。目標の達成度は、当然ながらボーナスや昇給に響いてくる。そうすれば自ずとどういう影響が表れるのかは推して知るべしだろう。課長がプレッシャーを与えていなかったとしても、部下たちが気遣って残業をつけないようにしている部署だって出てくるのも理解できる。オレのところだって大丈夫とは自信をもって言い切れない。そういう部署での生産性は以前よりもむしろ落ちているという話も聞くぞ」

「そうだったのか……」

「これが実態なんだよ。この活動そのものを否定するつもりは毛頭ないが、この活動の本来の目的は社員が幸せに、健康的に働けるようにすることじゃないのか？だとすると、おそらくこの活動は片手落ちだとオレは思うんだ。経営企画室が主導でこの活動をやっているのであれば、松田、お前が現場の声を直接聞いて、どうすれば改善できるかの検討を進めることはできないか。お前ならうまく進めてもらえるのではないかと思って、こうして今日改めて現状を伝えに来たというわけだ」

　溝口は語気を強め、訴えるように松田を説得した。松田は日頃から正しいことを正しくやりたいという思いが強いため、溝口の説得内容には歯がゆい思いを持ちつつも納得せざるを得なかった。

「ありがとう、溝口。これまで数字だけ見て、この活動がうまくいっているものと満足したり安心したりしていたが、これでは必ずしも社員は幸せになっていないということなんだな。確かに溝口の言うとおりだと思うよ」

　松田はそう言いながら、会社にとっても社員にとっても幸せになるというのはどういうことなのか、この重いテーマについて改めて考えなければならないと感じた。

「参考になるのか分からんが、社員の健康を考えた取組みをしている企業も最近では多く出てきているのはお前も知っているよな。単に現場を抑制したり、縛りつけたりするだけではなく、社員が心も体も健康で幸せな状態にするための取組みを真剣に進めていく必要があるのかもしれないな」

「なるほど、そうだな。社員の幸せとは何なのか、これを追求して考えていくことが我々経営企画のミッションの一つなのかもしれない」

　松田は飲みの席の勢いでこのことを忘れてはならないと思い、プライベートのスマホを取り出し、溝口との会話の内容をメモに打ち込んだ。

「堀尾君、最近体調調子よさそうだな。」

「ありがとうございます。室長、そう見えますか？少し前からジムに通い始めたんですよ。最近では週２日は行くようにしていまして、運動した後のサウナがまた気持ちいいんですよね。」

　堀尾は最近、ジムに通い始めたそうだ。これまでは夜９時以降に会社を出るのが毎日の生活であったが、会社がFWプロジェクトを進めるようになってから、働き方が少しずつ変わってきたらしい。ジムに通い始めた３日間くらいは、仕事中でも筋肉痛と眠気がひどかったようだが、それを通り越すと筋肉痛が心地よくなり、仕事中の眠気もなくなってきたらしく、逆に頭の回転がよくなったような感覚になり、アイディアも浮かぶようになったと、本人は言っている。

「テニスもまた始めようかと思っているんですよ。週末は近所のショッピングモールに行って、テニスラケットを物色してきたところです。室長も一緒にやりませんか？」

「いいよ、オレは。テニスなんて柄じゃないしな」

「そんなことないですよ、室長、テニスウェア似合うんじゃないかなぁ。私が選んであげましょうか？」

　堀尾は少しいたずらっぽく笑った。テニスウェアを探すなんて気はさらさらないだろうが、まったくイヤミを感じさせない。この堀尾の適当さが、たまに羨ましくなる。

「やっぱりFuture of Work、これからの仕事や健康を考えることって重要ですよね。こういう取組みはもっと早くやるべきだったと強く思います」

「そうだな。お前のように言ってくれる社員がたくさんいるといいんだが」

そんな会話をしている中、松田のアドレスに1通のメールが届いた。差出人はプロジェクトメンバーである塚本からだった。

　件名は「【ご相談】FWプロジェクトに関する活動について」。重要度は低いフラグになっている。塚本からのメールはプロジェクト中にもなかったことで、珍しいと思いつつも、少し不安な気持ちを感じながらメールを開封した。

　以下は、そのメールの内容である。

松田室長

　お疲れさまです。FWプロジェクトでお世話になっております塚本です。

　今日は改めてご相談させていただきたいことがあり、ご連絡いたしました。少し長文になりますがご容赦ください。

　実は、プロジェクトが始まって以降、私自身の生活は徐々にプロジェクトの目指す姿とは逆の方向に向かっているような気がしています。

　確かに、このプロジェクトのおかげで、営業事務の作業が減ったことは事実としてあります。ミーティングはテレビ会議システムを使って場所を選ばず情報交換ができるようになったり、紙で処理していたものがワークフローを活用するようになったり、単純な事務処理はRPAが自動的にやってくれるような環境が整ってきました。働き方や仕事の内容は徐々に高度化とまでは言わないでも、仕事の質が変化してきているように思えます。この点については私も感謝しております。

　ところが、パソコンの夜の使用が禁止になってしまったために、これまでは自宅でしていたちょっとした作業ができなくなり、ノートにメモして、翌朝それを会社で改めて打ち込むといった、これまでになかった非効率な作業が発生しています。また、お客様への訪問日前に、夜自宅で資料確認していて修正が見つかった場合にも、早朝に会社に行って修正作業をしなければならなくなりました。海外のお客様とのやり取りも増えてきていて、頻繁ではありませんが、夜中に電話会議を行わなければならないこともあります。

　残業が発生しないように、通常の労働時間内に業務を終わらせなければならないのはよく理解できるのですが、それが逆にプレッシャーになり、以前のよ

うに少しのんびりとした雰囲気がなくなり、職場全体がピリピリした雰囲気になっているように感じています。

　私自身、身体は健康で問題ないのですが、何となく精神的に追われているような感覚があり、職場にいても仕事に完全に集中できていない時間帯が昔よりも増えたような気がしています。後輩からも同じような声を聞きます。何より楽しんで仕事ができなくなっているような気がしています。

　このようなご相談は松田室長にすべきではないのかもしれませんが、経営企画室長でもあり、プロジェクトの中心的役割を担われている松田室長に、上記のような状況を知っていただくことは大事なことではないかと考え、ご連絡した次第です。

　最近、世の中で目にするようになってきた我が社の良い評判と、私たちが実感しているものにギャップがあると思っています。本来、Future of Work プロジェクトの効果としては、より自由度をもって仕事ができる環境が整えられるはずなのに、なぜか規制が増えてむしろ窮屈になってしまっている気がします。何のための FW プロジェクト活動なのか、私自身がよく分からなくなっているというのが本音です。

　何か、今後のプロジェクトの取組みのヒントにしていただければ幸いです。

　よろしくお願いいたします。

　塚本

「溝口が言っていたことといい、塚本のこのメールの内容といい、プロジェクトの当初の懸念が現実のものとなってしまったということか……」

　プロジェクトでは、メンバーが中堅〜ベテラン社員が揃っていたこともあり、塚本は自分自身の意見を主張する機会は多くはなかったが、現場からの意見を聞いてプロジェクトメンバーに共有してくれるような、いわば現場社員とプロジェクトをつなぐ役割として貢献してくれる貴重な存在だった。そんな塚本が自分自身のことをここまではっきりと主張してきたことは、松田にとって意外でもあり、ある意味ショックだった。

　松田は溝口の話も改めて思い出していた。FW プロジェクトそのものは間違っ

てはいないが、そもそもの目的は労働時間を減らすことではなく、社員が幸せに健康に気持ちよく働いてもらうためにあるべきものではなかったのか——そう考えると、それが実現できていない実態がここにもあることを、改めて認識せざるを得なかった。

　確かに、堀尾は健康そうで、プライベートも充実して楽しそうに見える。しかし一方で、溝口や塚本のような実態があるのも事実である。松田自身も、最近ではかつて「ワーカホリック」と言われるほどの労働時間はなくなってきたものの、部下たちを働かせられないために、自分自身が残業しなければならなかったことも少なくはない。塚本からのメールによって、松田は改めてこのプロジェクトを通じて、現場社員たち、そして何より自分自身が健康的で幸せな生活を送れるようになったと言えるようにすることが重要であることを改めて認識した。

　松田は翌日、西本に許可を得て、人事部長の川原のところに向かった。

　時間外労働の調査や社員満足度調査などを定期的に行っているのは人事部だ。人事部は経営企画室とすぐ隣の部屋にあったが、実際の距離以上の心理的な距離があると松田は感じていた。

「川原部長、少しよろしいでしょうか」

「ああ、松田君か。西本専務から話は聞いたで。何や現場の方がFWプロジェクトのことで、結構大変やと言うとるらしいな」

　川原は生まれも育ちも大阪出身で、東京の生活が既に10年以上のはずなのだが、一向に関西弁が抜けない。

「おっしゃるとおりでして、これまでの取組みはうまくいっていると思っていたのですが、必ずしも現場社員はそういう状態ではないとのことなので、直近の社員満足度調査の結果を確認させていただきたいと思いまして」

「かまへんで。誰かに言うて見せてもらって。せやけどな、現場は何言うてるんか知らんけど、実際数字はええからな。残業時間は減ってるし、社員満足度だって、全体的には上がっとるで。全部満足してもらういうわけにはいかんから、ある程度はしゃーないんとちゃうか。誰かが満足すれば誰かが不満を感じる、まぁそういうもんやで。松田君もよう頑張ってるって聞くけど、程々にしときや。せっかく減った残業が増えたらかなんわ」

「どうもありがとうございます。では、少し確認させていただきますね」

　経営企画室と人事部の関係は必ずしも蜜月という状態ではないため、松田は川原から自身の活動について少し釘を刺された気がしたが、あえて気付かないふりをして社員満足度調査結果を確認させてもらうことにした。

　社員満足度調査は、人事部が毎年定期的に調査を行っているもので、部署別、役職別、年齢別、男女別などの属性で分析できるようになっている。質問項目は40問程度で、定点観測できるようになっており、全社員には全体の結果が社内のイントラネットで公開されるが、詳細な分析結果は人事部が把握しているのみとなっている。

　松田は以前、イントラネットでも確認していたが、改めて全体の傾向としては満足度は上昇していることを確認した。今回の働き方改革の取組みは、管理部門と現場との認識に乖離があるため、部署別の調査結果を確認する必要がある。松田は人事部にある端末から社員満足度調査結果の詳細版のファイルを開き、部署別の調査結果を調べようと画面に目を走らせた。

「やはりそうか……」

　松田は部署別の調査結果を確認し、不安が的中したことを悟った。経営企画室や人事部、総務部といった管理部門系は著しく上昇しているが、特に営業や技術系の部門については、あまり数値が変わっていないか、むしろ若干ではあるが下降していたのである。これはまさに溝口が教えてくれたことが数字として現実に表れていることになる。同時に、こういった細かな分析を怠っているのか、あるいはあえて公表しない人事部に対しての怒りも湧き上がってきた。

　松田は感情を表に出さないようにして、川原に報告をした。

「川原部長、ありがとうございました。ちょっと確認してみて分かったのですが、営業や技術部署などの満足度があまり上がっていないようですね。この現場に対する働きかけについては、別途検討を進めてみるようにしてみます」

　川原は一瞬、「余計なことをされた」という顔を見せたが、なぜかぎこちない標準語交じりの関西弁で大人な対応をした。

「松田君、ちゃんと調べてくれてどうもありがとう。君のプロジェクトの中でその対応について考えてやってくれるとありがたい。何か力になれることがあれば言うてくれ。人事部としても対応するよってに」

　松田は新たな事実を定量データで確認することができた。溝口や塚本が幸せ

を感じる働き方を実現するためにはどうすればよいのか、そして、自分自身が幸せを感じて働き甲斐を感じられる職場であると自信を持って言えるためには、どうすればよいのだろうか。

2-7. 幸福度

　健康的に働くことは、幸福度の追求であると言えます。

　皆さんの幸福度はどの程度でしょうか。そもそも比較するものではないのかもしれませんが、国連では比較調査したレポートが出ています。「World Happiness Report 2018」（通称：世界幸福度ランキング）によると、幸福度の高い国は北欧が多く、1位はフィンランドです。

　この調査は、156か国を対象に、一人当たり国内総生産（GDP）や社会支援、健康余命、社会の自由度と寛大さ、汚職の頻度などについて分析したものです。

　2018年の調査結果について、報道は「フィンランド人は暗く厳しい冬をものともせず、自然、安全、児童の保育、良い学校へのアクセスの良さと、ヘルスケアが無料であることなどを自国で最も良い点として挙げた」[14]としています。

　一方、日本は54位です。この結果について、皆さんはどう思われるでしょうか。

2.7.1.　幸福度曲線

　ここで、ご自身の幸福度曲線を描いてみましょう。「あなたは今、幸福ですか？」という単純な回答に対して、それぞれの年齢のあなたがどのように回答したかを考えて、記載してみてください。例えば、本書の松田さんの幸福度曲線は以下のとおりです。このように記載してみましょう（図表2-15.　2-16）。

14　ロイター2018年3月15日（https://jp.reuters.com/article/finland-idJPKCN1GR05Q）記事より引用。

図表2-15. 松田さんの幸福度曲線

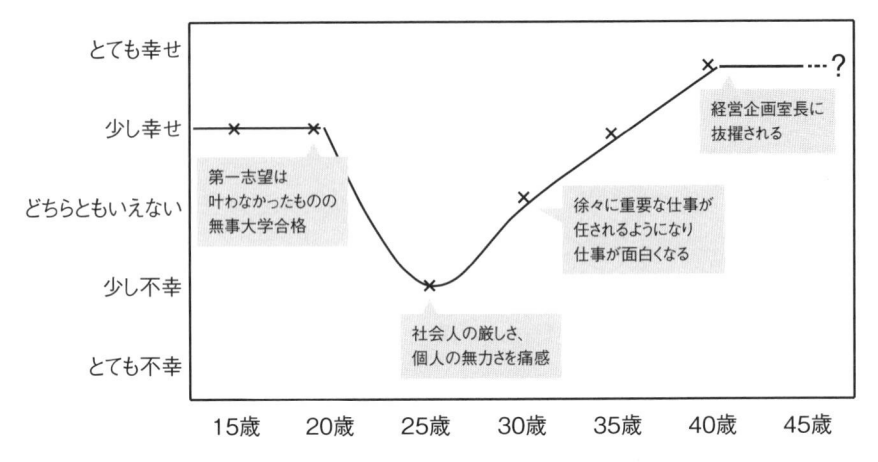

出所：筆者作成

図表2-16. あなたの幸福度曲線

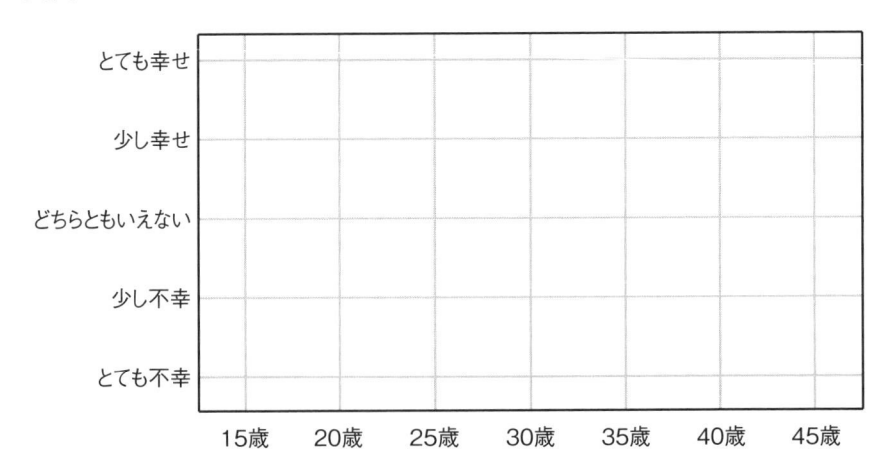

出所：筆者作成

　描いた皆さんの幸福度曲線は、どのようなものだったでしょうか。どの年齢が幸福であるかは、人それぞれだと思います。本書は働き方がテーマですから、特に就職以降について、それ以前と比較してどのように変化しているでしょうか。また、さらに先を見据えて、高齢になったときにはどのような幸福度を回答することになるでしょうか。

一般的には、どうなのか。2008（平成20）年に公表された内閣府の調査を確認してみましょう。図表2-17.のとおり、一般的に日本人の幸福度は、年齢が高くなるに従って逓減していきます。

図表2-17.　年齢ごとの主観的幸福感（米国との対比）

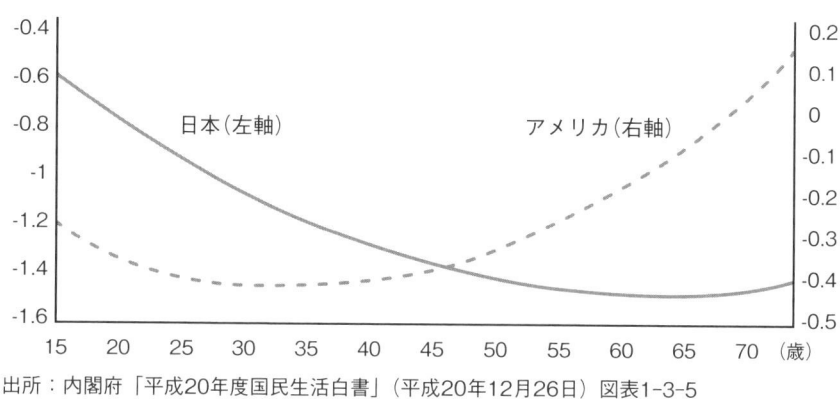

出所：内閣府「平成20年度国民生活白書」（平成20年12月26日）図表1-3-5

　諸外国の調査研究では、年齢と幸福度の関係は、Ｕ字カーブをたどるとされています。中年になる頃には自分の人生がある程度定まってくるので、人々は若い頃持っていた夢を実現することを諦めざるを得ずに幸福度が下がりますが、その後の高齢期に入ってからは考え方を変え、後半の人生を楽しく充実させようと努力することで、幸福度がまた高まるとの考察がなされています。

　ところが、図表2-17.を見ると、日本では高齢期に入っても他国に比べると幸福度が上昇していかないことが分かります。皆さんが実際に書いてみた幸福度のカーブと比較して、いかがでしょうか。

　前述のとおり、我々日本人は、高齢者になったとき幸福度が下がる傾向にあります。高齢者は、健康にも不安が出てくるものです。年をとっても健康的であることが、幸福の鍵であるように思えます。

　では、幸福度とは何でしょうか。先の調査では、幸福であるかどうかを漠然と問うているため、質問の内には、「何をもって幸福とするか」「何をもって幸福度とするか」については直接的に定義されていません。他の調査回答を確認して、幸福度を構成している内容について、もう少し検討を

進めてみると、健康的な働き方との関係が浮かび上がってきます。

図表2-18. 幸福度を判断する際に重視する項目

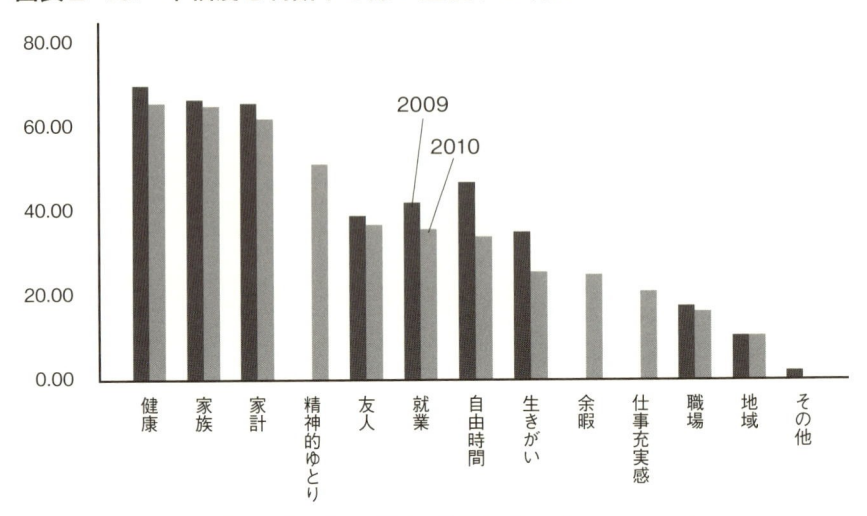

出所：幸福度に関する研究会「幸福度に関する研究会報告（案）」より抜粋

　図表2-18. は、幸福度を判断する際に重視する項目です。本書のメインテーマの働き方である「就業」は、健康・家族・家計・精神的ゆとり・友人に次いで重視する項目とされているので、程々には影響していることになります。

　しかし、他の項目を見ると、就業することに関係が高い項目もあります。「家計」のために就業している人が大半でしょうし、「精神的ゆとり」があるかは、日中の大半の時間をすごす就業時間との関わりが強い項目であると言えます。また、健康は、就業によって健康が損なわれないようにすることが重要であるという点で、本書のテーマそのものとも言えます。

　つまり、幸福度を構成する多くの項目には「働き方」が影響しており、働いている人々にとっては、働き方により、幸福であるかどうかが大きく変わると考えられるのです。

2.7.2. 「幸福度」に関連する最近の研究
　幸福度とはそもそも何でしょうか。定量的に表されるものではないです

し、人それぞれの心で感じることですので、考え方や感じ方が人によって異なることかもしれません。生まれつき楽観的な人は、どんなトラブルや困難でもストレスを感じにくく、幸せを感じながら生きていくことができる人もいるでしょう。

　プライベートを充実させることで幸福度を感じる方もいらっしゃるかもしれませんが、仕事を進める中で幸福度を感じることができることがここでのテーマとしていますので、仕事に対してスポットを当てながら、最近の幸福度に関する考え方について触れてみることにします。

　皆さんは仕事の中で「幸せ」を感じる時はどのような時でしょうか。上司から「この仕事をやれ」と言われて、それを達成したときには一定の満足感、幸福感を感じることもあるでしょう。上司から言われなくても、自分自身で考えて企画し、工夫して仕事をした結果、上司や同僚から認められたときも満足感があると思います。後者の方が喜びは大きいかもしれません。あるいは、ただ単純に仕事が面白く、没頭してしまい、気が付いたら何時間も経過していた、というような経験をされた方もいらっしゃることでしょう。このような状態の最中に幸せを肌で感じるかどうかは分かりませんが、少なくとも後から「時間がたつのも忘れて熱中していてとても楽しかった」という感想を述べることもあるかもしれません。

　皆さんは「ポジティブ心理学」という言葉をお聞きになられたことがあるでしょうか。最近ではこの領域に関する書籍はいくつも出版されています。このポジティブ心理学は、アメリカのセリグマン博士という方が提唱したものですが、最近ではこのポジティブ心理学が発展した「ウェルビーイング」という考え方が広まっています。簡潔に説明しますと、ウェルビーイングは「PERMA」と呼ばれる以下の5つの構成要素から成り立っています。

P：ポジティブ感情（Positive Emotion）
　　…楽しい、嬉しいなどの感情
E：エンゲージメント（Engagement）
　　…没入、前述した「時間を忘れて熱中する」ようなこと

R：関係性（Relationships）

…ポジティブな他人との関係性がある、助けたり助けられたりすること

M：意味・意義（Meaning）

…世間一般にとって、あるいは自分にとって意味、意義のあること

A：達成（Achievement）

…何かを達成すること

　これらの5つの要素を満たしていくことで持続的な幸福度が得られるという考え方になります。

　仕事上のどのような経験がこれらの5つの要素に当てはまるかを想像してみましょう。自分自身がやっていて意義のあると思うことができる仕事（Meaning）に対して、時間を忘れて熱中（Engagement）したり、職場の同僚との良い関係性の中で、良い刺激を与えながら切磋琢磨したり（Relationships）して、その結果きちんと成果を出すことができた（Achievement）場合、きっと満足感もあり、充実感もあり、幸せを感じることができるのではないかと思います。

　上記のような幸福度を感じられる、あるいは感じてもらえるような職場にするためにはどのようにすればよいのでしょうか。

　「エンゲージメント」は、会社や上司としては、仕事に没入できるようなオフィス環境（例えば部屋の明るさ、快適な空調、座り心地の良い椅子、作業スペースの十分な確保など）を整えてあげたり、逆に場所を選ばず仕事ができるようなルール作りや環境を認めてあげたりすることが求められます。上司の仕事の与え方も重要で、細かな指示をするのではなく、自分で考えて仕事をさせるような余地を多分に残しながら役割分担してあげることが求められます。

　「関係性」では、切磋琢磨できる同僚や尊敬できる上司と一緒に仕事をするような環境づくりのために、採用活動で我が社にあった人材を厳格に判断し、採用・配置する必要があります。実際に一緒に仕事を進めていくお客様（仕事のパートナーとしてふさわしいかどうか）も影響することになります。無理難題を押し付けてくるようなお客様との仕事は、社員が疲弊

し、そのために退職してしまうということも考えられますので、ビジネスとしての持続性も期待できませんし、社員にとっての幸福の妨げにもなります。

「意味・意義」のある仕事と感じてもらうためには、仕事そのものを大きく変えることはできないかもしれませんが、本来やるべき業務に集中できるような職場環境を整備してあげることはできるでしょう。例えば、雑多な業務はアウトソーシングやロボティクスに置き換えるなどの方法が考えられます。上司からの仕事の与え方も重要です。ついつい面倒な仕事を部下に押し付けているようでは仕事の意味・意義を感じてもらいにくくなる恐れがあります。本人としても、仕事を単なる作業として捉えるのではなく、その仕事の目的や社会的意義を理解しようとする行動が求められますし、上司はそのようなことを伝えてあげることが求められます。

「達成」は、業務の目標設定のあり方に寄りますが、達成できるようなリソースをしっかりと準備し、無茶のない範囲で頑張ることができる、ゴールの水準も単なる妥協ではなく、状況に併せて柔軟に対応できるようなルールが整備されていることが求められます。達成した時の褒賞も会社として準備してあげることにより（このとき、あくまで褒賞が目的はならないようにすることが必要です）、その幸福度もより高いものになると考えられます。

「ポジティブ感情」については、これは性格的なものにもよるところもありますが、少なくとも職場の雰囲気を良くしようとするのであれば、上司は笑顔や声かけを絶やさずコミュニケーションの取りやすい職場にしていく必要がありますし、何より社員皆が健康であることが重要です。いくら職場の雰囲気が良かったとしても、身体が病んでいては前向きな感情を持つことは難しくなります。

2.7.3.　幸福度と健康の関係

　就業やそれに関わる項目が幸福度に大きく影響することは前述のとおりです。それでは、本書のもう一つのテーマである「健康」はどうでしょうか。

　図表2-18（P.128）によると、健康は、他のどの指標よりも幸福度に

影響する指標のようです。

　健康であれば、幸福度が増す。それは納得できる結果でしょう。

　もう少し深堀りして、それでは、どのような状況が健康であると言えるのか、ということを考えてみます。幸福度と健康について書かれた先行研究を確認すると、そのことについて記載がありました。

　松島みどり、立福家徳、伊角彩、山内直人「現在の幸福度と将来への希望〜幸福度指標の政策的活用〜」（内閣府経済社会総合研究所、2013年6月）には、以下のような解説があります。

> 　主観的健康感が幸福度に与える影響を確認する前に、どのような人々の主観的健康感が高いのかについて確認をする。ここでは、高齢であること、男性であること、離婚経験があること、休職中であること、専業主婦・家事手伝いであること、職業生活を引退していること、その他の理由で非就業状態であることが主観的健康感に負の影響を与えていることが明らかとなった。また、世帯所得や高学歴であること、学生であることは主観的健康感を高めているという結果が得られた。

　研究によると、主観的健康観は、その環境や境遇によって左右されているようです。

　ここでは、あえて、「主観的健康観」と表現しています。我々の言う、健康である、健康でないということは、主観的であり、納得がいきます。

　つまり、検査数値がいくつであれば健康を損ねている、と我々は考えるのではないということです。「痛み」などに代表されるような、身体的・精神的に不自由・不愉快な状態と感じたときに、健康ではない、と我々は考えるのではないでしょうか。

　検査数値や病名は、その不自由・不愉快の原因にすぎません。原因が分からないような、未知の疾病で、検査数値が良かったとしても、体のどこかが苦しかったりいつもと違ったりしたら、健康は損なわれたと思うものです。

病は気から、と言います。健康も気から、なのかもしれません。

医学的に病気であったとしても、例えば身体的にかゆいところがある程度の疾病であったとしても、当の本人が、たいして気にかけていなければ、健康であると意識しているのです。まさに、カルテ上では病気でも、主観的に健康である、という状況です。

これまで、本書では、健康である指標の例として、健康診断の結果などで判明する検査数値や睡眠時間・労働時間などを、健康を図る数値として紹介してきました。それもプロセスとしては間違いではありませんし、判断しやすい指標にはちがいないのですが、より幸福度のことを考えるのであれば、原因やプロセスとして検査数値が悪化するかどうかを確認する以上に、自己申告としての「主観的健康観」を確認することがより重要だと言えます。

2.7.4. 健康観が主観的なものなら、解決方法も主観的な方法を活用する場合も

主観的健康観を向上させ、また、幸福度を向上させるという最終目標を考えるとき、それを実現するのは医療・介護サービスや健康サービスだけにとどまりません。人生観や家族などの環境、人によっては宗教やその他の助けとなるヒトやモノ。そういったモノがスピリチュアルな面で支えとなることも考えられます。実際に、先行研究の中で、主観的健康観はそのようなことに左右されると分かっていることは説明したとおりです。

残念ながら、現在日本の企業では、精神的な支えを勧めることは、タブーと考える人もいると思います。宗教の自由や考え方の自由を阻害すると考えられることは多く、あまり積極的に取り組まれていません。

一方、学校教育では、道徳や社会通念の教育、宗教、武道や書道などのクラブ活動内の精神的教育も積極的に行われています。

米国では、禅・ヨガ・武道など、東洋文化の精神的な取組みが健康によいとされる流行もあるので、その影響から、日本でも、そのような取組みが東洋文化の逆輸入されたものとなって、多くの人の賛同を得ていると思います。

働くということは、禅やヨガとは違うのでしょうか。禅もヨガも、歴史

がある、立派な取組みです。企業は100年継続して経営されているところは少ないでしょう。何百年も続いているところは、本当に一握りの組織です。ですから、積み上げてきた歴史が禅やヨガとは違う、と考えられるかもしれません。しかし、取組みの年月の長さだけで、労働現場に幸福度を向上させる文化がないとは思えません。

会社などの組織では、ルールがあります。マナーもあり、企業文化もあります。うまく組織されている団体のそれは、従業員の幸福度を高めることにつながるものもあるかもしれません。

企業文化が従業員の健康を守ることにつながるものであれば、それは、禅やヨガに匹敵する、健康の処方箋になるでしょう。同じような環境の職員に対して、その処方箋は、世の中のさまざまな人々に向けたものより効果的かもしれません。

お互いの従業員に声をかけることや、挨拶や、朝礼、準備体操、服装が自由な企業もあるでしょう。そういった文化は、何も企業が利益をあげるためだけに設定されたものではないはずです。

皆さんの所属する組織の企業文化は、既に従業員の主観的健康観や幸福度を高めるものになっていませんか。もしそういった企業文化があるなら、埋もれているそれを掘り起こして、伝えていくことが、企業として健康的に従業員に働いてもらう、一番の解決方法になるでしょう。そのような企業文化は、おそらく、経営貢献と健康貢献の両方を適切に組み込んだものであることが多いはずです。

PART 3

健康的な働き方に向けたステップ

　これまでプロジェクトでディスカッションを重ね、検討した施策を実行することにより、各部門における時間外労働が少なからず減少傾向にあることは確認できた。プロジェクトの成果としては、社内では一定の評価はなされており、社員全体としても、そしてプロジェクトメンバーもその自覚は芽生えていた。しかし、溝口や塚本の話にもあったように、働き方が変化したことによって、本質的に社員が幸せになったかというとかなりの疑問が残る。

　FWプロジェクトでは、幾度となく繰り返されたディスカッションを通じて、メンバー相互の性格や思考を理解し合えるようになり、誰かが何かを指示せずとも自然と役割を果たせるような状態になっていた。松田自身も、プロジェクトメンバーのことを心から信頼できるようになっており、何かを投げかければ、何らかのアイディアは必ず出ると確信できるようになっていた。そして今、また新たに、この信頼できるプロジェクトメンバーに対して、新たな課題を投げかけようとしている。

「皆さん、これまで一緒にたくさんの議論を重ねてきた結果、各部門での時間外労働が削減されるなど、労働生産性向上に一定の成果を上げることができたと思っています。先日も、加藤社長から直々にお褒めの言葉をいただきました。皆さんの積極的な参加がなければできなかったことです。本当に感謝しています」

　松田は改めてプロジェクトメンバーに頭を下げ、感謝の意を示した。そして、プロジェクトメンバーの顔を見渡しながら話し始めた。

「一方で、皆さん自身の働き方が本当に望んでいるように変化したのかについての感覚はいかがでしょうか。皆さん自身もお感じになられているかもしれませんが、実は、残念ながら必ずしもそうではないという声が現場からはあがっているように聞いています。実際にはまだまだ改革は道半ばといったところだと私自身も感じているところです。

　これからのプロジェクトでは、本当に我々が心から働きやすい、働き甲斐のある職場にしていくためにはどうすればよいのかということを、改めて考えなければならないのではないかと思っています」

　今ではプロジェクトメンバー一人ひとりが、松田の発する言葉を真剣に聞い

ている。その表情からは、何とか協力しよう、改善しようという気持ちが見て取れる。その様子を頼もしく感じながら、松田は先日の人事部でのやり取りについて説明を続けた。

「先日、毎年実施している社員満足度の調査結果を、人事部にお願いして見せていただきました。全体の満足度は上がっているのですが、営業や技術系の職種の満足度は下がっていたのです。プロジェクトの始動当初、皆さんと組織分析を行い、それぞれの組織に見合った対策を講じることを留意しながら進めていたものの、結果としてはあまりうまくいっていなかったということです。今回、それに気付けないでいたら、状況はもっと悪化していたかもしれないとも考えられますので、アプローチ自体は間違っていなかったものと思っています。

　そこで、改めて考えてみたのですが、そもそも、このFWプロジェクトは、本来はもっとシンプルに、"働き方が変わって、本来やるべき仕事に集中できるようになり、プライベートも充実して、そのことによってとても健康で幸せを感じることができる"ということが実現できるものだったはずでした。本来、"働き方が変わる"と聞くと、それはとても楽しみな話であるはずですし、"前向きに考えるべき"というより、むしろ自然と前向きになるものではないかと思うのです。それが、昨今では、"ウチもそろそろ働き方改革を"と聞くと、まるで黒船がやってきたかのように、必ずしもポジティブに捉えられなくなってしまっている社員や、現場社員に至っては、辟易としてしまっている実態もあるのではないかとも感じます。

　仕事をしながら幸せを感じるときはどんな時なのか、このテーマをこのプロジェクトで考えて共通見解を持っておくことが、このプロジェクトを成功させるためのカギであり、結果として近道になるのではないかと考えたのですが、皆さんはいかがでしょうか」

　松田が意見を募ると、メンバーの一人が口を開いた。

「松田さん、確かにそうかもしれませんね。私たちは本質的なところをしっかりと見ていなかったのかもしれません。社員全員がやりがいをもって仕事ができる環境となるよう、そして社員全員が幸せになるようにやっているはずなのに、何かこう、テクニカル面が先行するというか、モバイル環境を整備するとか、RPAを導入すればよいとか、そんな風潮になっていた側面があったことは否定できないかもしれません。それはそれでとても大事なこととは思いますが、

そもそも社員がプロジェクト活動の結果として"よかった"と思えるような状態にしなければならない。全員は無理だとしても、会社にとって活躍してもらわなければならない社員は少なくともそういう状態になってもらわなければ、何のためにやっているのか分からないですよね」

　「ありがとうございます。まさにおっしゃるとおりです。では、より本質を議論するために、ここで皆さんのご意見を改めてお伺いしたいのですが、皆さんが仕事を行っている中で、幸せと感じるとき、充実感を得るとき、この仕事をやっていてよかったと思える瞬間というのはどういうときでしょうか。特に答えがあるわけではないですし、一人ひとり感じ方は違うと思うので、忌憚のないご意見をいただけると嬉しいです」

　松田がそう促すと、塚本が初めに口を開いた。

　「月並みですが、私はお客様と直接お会いしてお仕事する時間が多いですし、それがメインと思っていますので、やはりお客様から直接お礼を言っていただくと、とても嬉しく感じます」

　「なるほど。確かにそうですね。私たち経営企画のような管理部門でも、社内顧客という考え方がありますから、関係部署からお礼を言われると嬉しいものです。他の方はいかがですか?」

　塚本の後に続いて、他のメンバーも次々と意見を述べた。

　「私は自分で仕事を企画したり、工夫したりして、うまくいったときに喜びを感じますね。何かこう、"自分にしか出せない価値を出せた!"って思える瞬間があります」

　「すごく大変な量の仕事や、あるいは難しい仕事に対して、何とか頑張ってやり切ったときに感じる達成感、充実感は何とも言えないですね。営業を回っていたときに売上目標を達成したときであったり、難攻不落と言われるお客様から新規受注をいただいたときのあの達成感は忘れられません」

　「私は、最近では"自分"というより"部下"がよい仕事をしたと感じたり、お客さんから部下に対するお褒めの言葉をいただいたりすると非常に嬉しいと思います」

　「私は上司から褒められると素直に嬉しいと思います。あまりそういう機会はないですけど。ね、松田室長」

　最後に堀尾がそうコメントすると、どっと笑いが起こった。

「なるほど、ありがとうございます。皆さんの意見をお聞きしていますと、自ら能動的に考えたり動いたりする機会があるという前提があって、その仕事に対して正しいフィードバックがある場合や、仕事そのものが難しかったり、やりがいがあるものだったり、でもそれらをやり遂げた場合に感じられるものであると理解しました。この環境を作り出すためには、会社からの働きかけと同時に、管理職クラスが部下の人材開発などを意図的に作り出したりする必要があるように感じます。そう簡単ではないと思いますが、先程おっしゃっていただいた皆さんが幸せを感じるところの指標を何か設定し、その数値についてモニタリングしていこうと思います」

　実際に、健康的な働き方に取り組んでいこうという場合、どのように計画を立てればよいのでしょうか。

　組織的・計画的に実践をしていくには、計画を明文化して、残しておくことが基本です。計画を明文化した文書を公開することは、その情報が従業員など関係者の目に触れることとなり、それ自体が啓発的な意味を持ち、健康的な働き方を進める推進力となります。

　健康的な働き方を目指すことのメリットを実感していない関係者にも理解してもらうためには、勝手な宣言ではなく、本書で解説してきたように、健康的な働き方によって得られるメリットを丁寧に解説することが必要です。

　単に流行として健康的な働き方に対する取組みを宣言するだけでなく、継続的に健康を意識し取り組むことを目指します。そして、個人だけでなく組織として利益を生むことを周知し、続ける意味があることを明確にして掲げることが重要です。

　計画の内容は、どのような取組み内容とするのか、取組み結果をどのように評価するのかといった実践手法について、具体的に書かれなければなりません。しかし、「この活動を進めることによりどのようなゴールを目指すのか」という内容もないまま、場当たり的に一般的によく見られるような手法のみが記載されているようなものでは理解が得にくいものになります。思いつきではなく、きちんと「なぜ」「どのようにして」「何をゴールとして」健康的な働き方を進めるかについて説明できるように、明文化を進めることが重要です。

　明文化する文章を有効な内容とするためには、自社の現状をきちんと理解し、課題を見つけ、その上でどのような活動をするかを計画に落とし込むことが必要です。

　計画立案に際しては、図表3-1.のようなステップが取組みの流れとして考えられます。

図表3-1. 計画立案の流れ

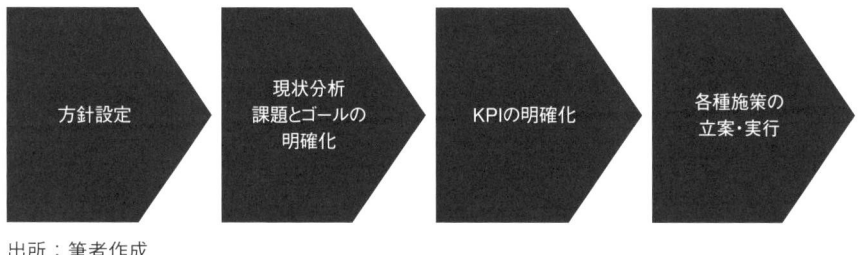

出所：筆者作成

　まずは基本方針を設定します。次に、現状を分析し、そこから課題を探し当て、その課題を解決するようなゴールを設定します。ゴールは KPI として明確化する必要があり、それらを向上するための施策を立案・実行していくという流れになります。

　立案した計画は、繰り返し述べているように、計画書のような資料として明示することが重要です。計画書には、次のような項目が具体的に掲げられていることが望ましいでしょう。

・目的
・スケジュール
・PDCA サイクルを実施するための体制
・取組体制および具体的な取組内容

　それでは、これらを設定するにあたっての考え方や手法を以下で見ていきましょう。

3-1-1. 方針設定

　基本方針を立てるにあたっては、トップダウンで、総論的な方針を宣言することが重要です。この時点ではまだ方針レベルであるため、細かな内容にする必要はありません。「組織を挙げて健康的な働き方を実行する」という宣言から始める場合もあります。また、現状分析後に新たな課題が発見されることも考えられるため、必ずしも先に示した順序ではなく、現状分析や KPI の設定後に基本方針を確定していくという場合も考えられ

るでしょう。

　この方針の中で示さなければならないのは「目的」です。健康的な働き方をすることでどのようなメリットが得られるのか、何のために健康的な働き方をするのか、目的を明確にする必要があります。

　健康的な働き方がもたらす多くのメリットはこれまでに説明したとおりですが、その中で、特にどのようなメリットを自身の組織が求めているのか、それぞれの現状や組織の特性を踏まえて考えましょう。

図表3-2.　健康的な働き方を進める目標

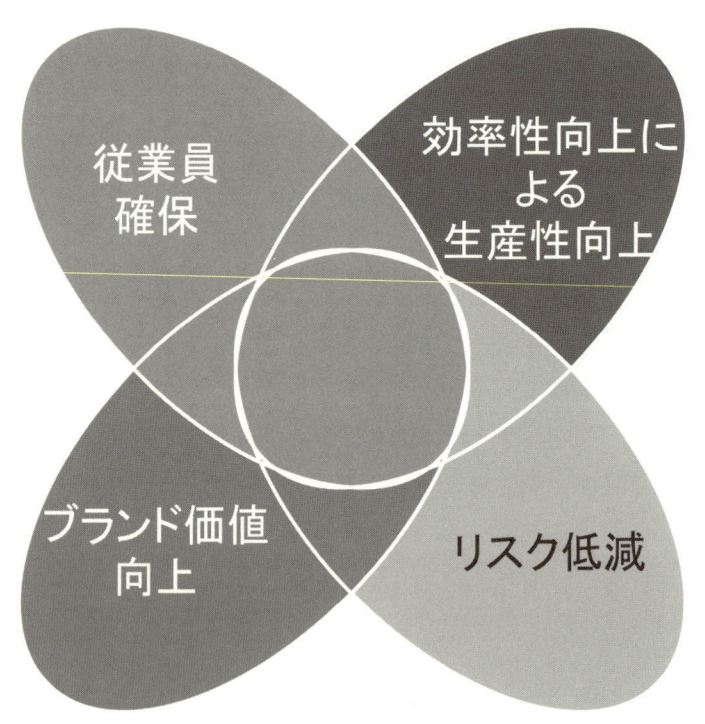

出所：筆者作成

　例えば、図表3-2.を見てください。健康的な働き方で得られるメリットを大きく4つ考え出し、方針の設定の中で目的を明示したものと考えてください。

　図表3-2.の例では、健康推進により、①質の高い従業員の採用ができ、

②採用に係る情報発信を通じてブランド価値を向上させることが期待でき、従業員を確保できることで、③さまざまなリスクを低減できると考えました。こうして一定の労働力を確保することにより、専門性の高い従業員を育てることや、より専門分化した作業の遂行を可能とするため、その結果として④効率的な業務遂行が期待できます。働き方を改善する方法としてICTなどによる改善も含めて考えていくということを示すために、生産性の向上は、4つの目的の一つとして位置付けています。

　得られるメリットはそれぞれに相互補完関係にあり、一つの項目が改善すれば他のメリットにもつながることが考えられるため、各項目が独立したものではなく、重なって相乗効果を期待できることを表現しています。このように、図表3-2のようにイメージ図を使って方針を明示することにより、内外の関係者に対して説明し、理解を得やすくする効果が期待できます。

3-1-2. 現状把握のための手法と項目
　所属する組織の現状がどのようになっているのかをきちんと整理・確認することが、すべての計画の始まりとなることもあります。
　ここでは、現状を把握する手法について解説していきます。

（1）調査する
　自社や組織の現状に関する情報が何もない場合、調査して現状を把握することから始めることも、当然あります。
　基本的に、組織内の既存データを活用する（次頁（2）「既存のデータを活用する」参照）と、調査の手間や時間がかからず、効率よく作業を進めることができます。ところが、組織内に情報がない場合には、新たに調査を行う必要が生じます。また、既存のデータだけでは課題の発掘に至らないという可能性もあります。そのような場合も、真の課題を追及するために追加的に調査することも必要です。
　例えば、数名の人員数で構成された組織の場合を考えてみましょう。人員数が少ないため、情報を収集するのは比較的簡単で、対面でのヒアリングで状況を確認することができるでしょう。一方、比較的大勢のメンバー

を抱える組織の場合は、複数名を抽出してヒアリングを行うケースもあれば、アンケートを活用して統計的に分析することも考えられます。

（2）既存のデータを活用する

　前述のとおり、現状を分析するために必要な情報を入手する最も効率的な方法が、既存のデータを確認することです。例えば、経済産業省のガイドブック（経済産業省商務情報政策課ヘルスケア産業課「企業の「健康経営」ガイドブック～連携・協同による健康づくりのススメ」（平成26年4月公表、平成28年4月一部改訂））によると、健康関連指標として、身体的指標、生活習慣指標、心理的指標、就業関連指標があると整理されています。

①身体的指標

　健康と聞いて、真っ先に思い浮かぶのが、身体的指標ではないでしょうか。

　定期健康診断・特定健康審査結果、問診（標準的な質問票）のデータを用いて把握可能な指標であり、特定健診における標準的な質問票、日本の内科系8学会によるメタボリックシンドロームの診断基準に基づいて、以下の指標が設定されています。

・血圧
・血中脂質
・肥満
・血糖値
・既往歴
・管理不良者率
・要受診者率

---

②生活習慣指標

　生活習慣指標は、健康診断時の質問票などにより収集されていることが

多いでしょう。

　細目指標としては以下のような内容が考えられますが、小規模な組織の場合は、ヒアリングなどで確認することにより、より深い内容まで掘り下げた確認が可能です。

- ・喫煙習慣
- ・飲酒習慣
- ・運動習慣
- ・睡眠・休養
- ・朝食

---

③心理的指標

　心理的指標は、業務上のストレスや仕事に対する満足度を指します。

　これまでの厚生労働省などの先行調査で活用されている調査票を参考に確認する方法がありますが、その一つに職業性ストレス簡易調査票があります。これは、職場で比較的簡便に使用できる自己記入式の調査票です。

　職業的簡易ストレス調査票にある項目をもとに、アンケートで把握可能な主観的健康観を調査項目として追加するとよいでしょう。具体的には、以下のような項目が心理的指標の例として、経済産業省から提示されています。

- ・主観的健康観（医学的な健康状態ではなく、健康状態を主観的に評価する指標。死亡率や有病率などの客観的指標ではなく、全体的な健康状態を示す指標）
- ・生活満足度
- ・仕事満足度
- ・ストレス

出所：経済産業省商務情報政策課ヘルスケア産業課「企業の「健康経営」ガイドブック〜連携・協同による健康づくりのススメ」（平成26年4月公表、平成28年4月一部改訂）31頁

心理的指標は、活力、熱意、没頭の状態をアンケートなどにより確認することができます。既存のデータとして存在していることは通常は考えにくいため、ここでは解説を省きます。

④就業関連指標

　経済産業省から提示されている就業関連指標は、「ワークエンゲージメントに関する指標」です。「ワークエンゲージメント」とは、仕事に対する活力や熱意、没頭の状態であり、それをアンケートで指標として確認します。「就業関連指標」という名称では片手落ちであり、既存のデータを確認する本パートにおいては、違和感があるように思われるかもしれません。とはいえ、人事データなどから就労時間や出勤日数などのデータを入手できることが多くあるため、それをもって、ここでは就業関連指標とします。

⑤その他の項目

　その他の項目として、他の組織が実施したデータとの比較によって、指標の実現度を確認することも有効です。

　本書では多くの事例を紹介しているため、参考にしたい事例があれば、その取組み内容に対して、どのような項目が指標として使われているか確認し、同様の項目を既存のデータとして入手可能か確認する必要があります。

（3）既存データを入手する

　これらの項目を収集して、既存データを活用することになるわけですが、どのようにしてデータを入手することができるかをここで考えてみます。

　前述のデータは、健康診断の結果として健康保険組合が管理しているものや、人事部門など就労を所掌する部門が管理しているものですので、こうした組織・部門から得られる可能性が高いと考えられます。

　これらの関係組織や部門と協力しながらデータを収集することで、どの指標にどのような課題があるかを分析していくことが可能となります。

ただし、むやみにデータを集めるのでは、集めるのに相当の苦労をした割には効果が得られないということも考えられます。本当に必要な指標を絞り込み、KPIとして継続的に確認していくことが重要ですから、多岐にわたる情報をむやみに収集することは避けるべきでしょう。「情報はあるに越したことはない」と考えられることもありますが、健康確保は「継続」がカギであり、経年的にその変化を分析することを考えると、手間をかけすぎずに簡易に管理・運用することも考えて指標を設計すると継続性が担保できます。健康的な働き方を実現するために運用上の業務負荷がかかってしまっては、本末転倒です。

　収集する項目の候補については既に述べていますが、それぞれどの部門が保持しているかを図表3-3、3-4の図にまとめました。社内の部門や個人から得られる情報もありますが、健康保険組合など異なる組織からの情報にも有効なものがあるため、まずは有効なKPIを検討してから、情報収集のタイミングなどについて各情報保持者に確認していくと効率的です。

図表3-3．健康確保に係る指標の特定、データ保有者例

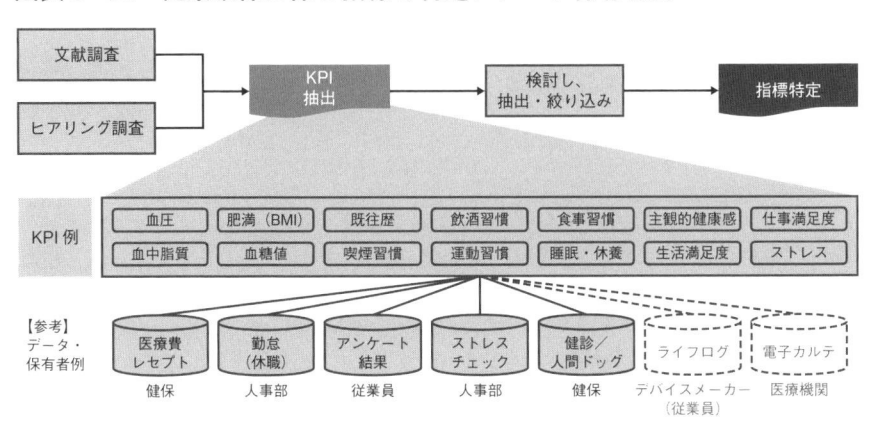

出所：筆者作成

図表3-4. 既存データを管理している所管となる部門の例

所管	データ名	データ概要
健康管理室	ストレスチェック	個人の回答、集計結果
	産業医面談状況	いつ、誰と、どんな（e.g. 長時間労働、復職、メンタル）面接を行ったか分かるデータ
人事部	傷病手当給付状況	給付種類、給付事由、給付期間
	病欠状況	病欠事由、欠勤期間
	休職状況	休職事由、休職期間
	定期健診	健診の結果（バイタルデータも含め）
	入社前健診	健診の結果（バイタルデータも含め）
	海外赴任前健診	健診の結果（バイタルデータも含め）
	休暇取得状況	休暇取得日、取得期間
	特別休暇取得状況	休暇種類、休暇取得日、取得期間
	勤怠状況	勤務時間（残業時間も含め）
	長時間労働者	対象者、対象期間、面接の有無
	人事異動状況	職位、昇進・昇格時期
	作業環境データ	職場環境、作業環境データ
	作業管理データ	作業内容や時間に関するデータ
	安全配慮義務が必要な健康管理データ	対象業務者の健康管理データ
	所属組織情報	所属情報、所属期間、職種

出所：筆者作成　※バイタルデータ：脈拍や体温、血圧といった生体情報をデータ化したもの

（4）ゴールの設定

　何を KPI として設定し、それを改善していくかは、現状分析の結果か
ら導き出される課題次第となります。多くの組織では、現状の業務を効率
化して、時間的なゆとりをつくるというような目標が設定されます。

　ゴールを明確化することによって、その数値を改善するとどのようなこ
とが期待できるのか、ストーリーを語れるようになることが重要でしょ
う。例えば、余力のない作業時間を効率化し、その空いた時間で個々人が
イキイキと働ける行動ができるようになるといったストーリーです（図表
3-5.参照）。

図表3-5.　ゴールの明確化

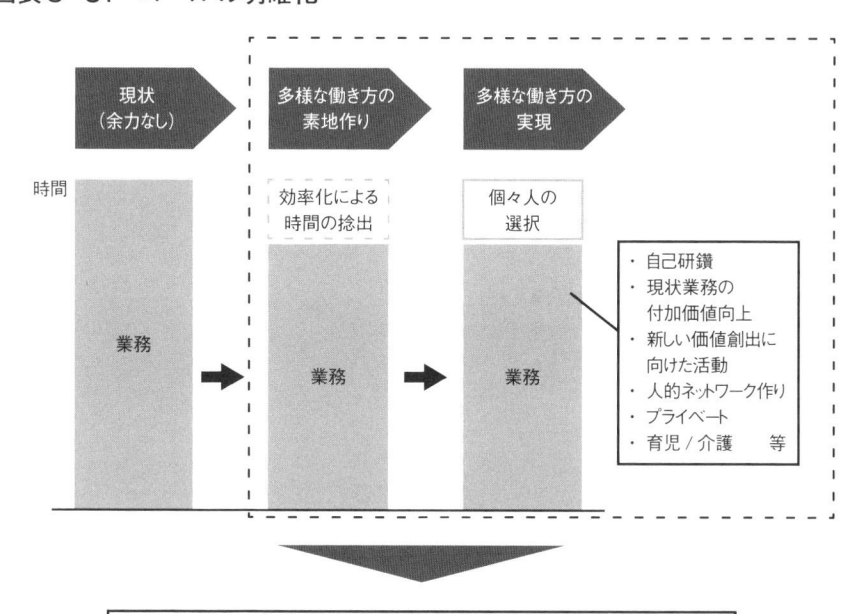

仕事をする人は、プライベートと仕事とを完全に分けられるとは限りません。プライベートの充実が仕事に新たなアイディアを与えることはあるでしょう。趣味として仕事をしているという人も多いでしょう。そのような場合、「やらなければならない業務」を圧縮することで、やりたい業務を増やすことや、プライベートの自由な活動の比率を上げることで、最終的にはイキイキと仕事をする人になるということも考えられます。そのような人になってもらいたい、というトップのメッセージは、メンバーそれぞれの生活イメージをストーリーとして描かせることが期待できます。

ゴールは定量的なものである方が分かりやすいと思いますが、その背景やゴール達成で得られる便益をストーリーで語り、納得してもらえるようにすると、浸透しやすいものになります。KPI が向上する意味付けができると、単に義務的に設定された目標ではなくなり、その目標を達成する意欲も向上することが期待できます。

(5) 課題の発掘

このように情報収集を進めていくことで、手元には既存のデータやアンケート・ヒアリングで追加的に収集した情報が増えていきます。情報収集していくプロセスで、ぼんやりとそこにある課題は見え、解決方法も自然と頭に浮かぶような状況になっているはずです。

ここで、どこに課題があるのか、網羅的に整理して考えてみることにします。集まった情報から見えてくる課題も多いでしょうが、集まった情報の真偽や、集めることができなかった情報の有無も含めて、課題の取りこぼしがないか、検討してみることが重要です。

そのためには、複数のメンバーでディスカッションすることが有効です。

コンサルティングの手法として、課題を見つけるために、仮説を用いることがあります。仮説を立て、情報収集することで、その仮説として考えられた課題が正しいかどうかを証明します。情報収集ゼロで課題を発掘するのは困難です。一定の情報収集ができた段階で、ディスカッションによって、取りこぼしを防ぐことが有効です。

情報を収集するプロセスは重要です。情報を収集するプロセスと課題を確認するプロセスのタイミングを思い付きで何度も行き来するのではな

く、一定の情報収集を終えた段階をいつとして、課題整理をいつするか、最初から考えて取り組むことが有効です。

課題を整理する時は、網羅的に重複が出ないようにします。

（6）データの確認

データの確認をしていくことで、多くの原因を仮説として考えることができます。

例えば、ある組織において、「ある時期に毎年病欠が多い」というデータがありました。一方、その組織では、事業上その時期に業務が集中しており、重要な時期でもありました。その重要な時期に病欠が多いということは、業務遂行に大きな支障を来たすことになります。

ところが、「その時期」というのは、冬場のインフルエンザや風邪が流行する時期でした。就業情報を確認すると、明らかに組織内で次から次へと感染していることが考えられました。

その組織では、業務上多忙な時期とインフルエンザや風邪の流行時期が重なっていたのです。体調が悪いにもかかわらず、無理して出勤し業務を行うことで、他メンバーに感染していたと考えられました。

就労データから、以上の仮説を立てることができました。さらに話を進めると、この組織では、手洗いのタオルを共同で利用していたことが分かりました。小さい組織であったため、タオルを共同で利用していたことは、データを調べるまでもなく、すぐに確認できました。

こうして、

体調不良になる→業務上休みにくい時期であり無理をして出勤する→同じ空間で作業したり、手洗いで同じタオルを使ったりするなどにより、他メンバーに感染する→さらに他メンバーが体調不良となり、業務効率が落ちる→さらに業務が多忙となる

といった負のスパイラルが起こっていたことが分かったのです。

そこで、職場内感染を至急の課題として「タオルは共用ではなくドライタオルを設置する」という対策をとりました。その結果、病欠の日数は減

少し、感染のリスクが明らかに下がったのです。

　データは、その環境を想像しながら確認することによって、多くの課題の発掘につながります。データを他の組織や平均値と比較することは、誰でも考えられることです。しかし、タオルの事例のように、病欠が多いということだけでなく、その時期や、メンバーの行動など、他のデータと組み合わせたり、環境を具体的に想像しながら考えることが、原因を想定するヒントになりそうです。

3-1-3.　ステークホルダー視点での注意点

　計画は、そのままさまざまな情報公開のもととなる可能性があるため、従業員だけではなく、そのほかの関係者に対しても配慮したものである必要があります。

　後述（3-2-2「社内外への情報発信」）のとおり、従業員や経営者だけでなく、投資家や従業員の家族も「関係者」と言えますが、それらの影響を考慮した上で計画を立案することが重要です。

　対外説明において重要なことは、単に定性的な言い回しに終始するのではなく、これまで集めたデータから、ロジカルに、定量的に説明することが求められます。例えば、体調不良によって休むことが多いという就労関連データがある場合は、その原因となるデータが他のデータに隠れていることも多いものです。従業員の年齢や病歴などがそうです。関連するデータをストーリーの流れに乗せて説明することで、より説得力のある説明が期待できます。

3-2.　体制構築

3-2-1. トップの理解

　健康的な働き方ができる組織を構築することは、今後、継続的に健康に留意した組織であり続けるカギとなります。ここでは、組織の中でどのような体制を敷くことで、健康的な働き方に向けた対応を継続的に実践していくことができるかについて、検討を深めます。

　体制づくりは、組織として対応していくことの決意を伝えることにもな

り、また、中心メンバーに組み込まれたメンバーは特に意識が高くなるなどの効果が期待できます。

　健康的な働き方を進めるうえで、総務部門・人事部門のメンバーは、自身の専門領域に近いことからも意識が高く、中心的な存在として位置付けられることが多いでしょう。一方で、総務部門・人事部門のメンバーがいかに健康視点で勤務環境を考え、改善策を実践しようと試みても、経営者が健康視点での勤務環境改善に関心が薄い場合には、実践が難しくなってしまいます。トップの判断としての経営方針立案が重要であることは先に述べたとおりですが、方針を立てるだけではなく、その後の実践においても、トップ自身の対応やトップを巻き込んだ対応が重要となるのは言うまでもありません。

（1）CHO（健康管理責任者）の選任

　健康経営に取り組む多くの組織では、CHO（健康管理責任者）を設置しています。CHO が推進役となって組織全体の健康づくりの体制を整備し、経営への位置付けなどを積極的に内外に情報発信することで、健康への取組みを示すことになる、それが CHO の役割の一つです。CHO を設置すること自体が、トップダウンの取組みとして注目されています。

　それでは、CHO には誰が適任なのでしょうか。事例を見渡してみると、経営トップが CHO になることも少なくないようです。

　CHO とは少し異なりますが、CWO（Chief Workstyle Officer）という概念でトップが働き方（ワークスタイル）を変革していくことを進めている組織もあります。ワークスタイルを担う役員を設置するということです。本書では、働き方は「健康であればよい」ということではなく、イキイキと働くことが重要であると繰り返しお話していますが、その考え方に近い体制を目指すものであると言えるでしょう。

（2）外部委託の専門家に任せるのではなく「自分事」として組織自体が 取り組むために責任者と統括組織を設置する

　「CHO」の名称にかかわらず、健康保持・健康増進責任者の設置は欠か

せません。数十人の企業において、設置義務のある産業医にすべてを任せるのではなく、健康経営として、組織内に責任者を設置して、組織内におけるあらゆる視点で取組みを続けていくことが重要です。

　重要な役割であることから、その重責を担えるよう、責任者は一定の権限を与えられる、あるいは、一定の権限を持った人が就任することが望ましいでしょう。経済産業省の調査によれば、経営トップ・担当役員が健康保持・増進責任者となることが半数以上でした。また、同調査によれば、以下のように健康経営統括組織の設置についても必要であるという見解が示されています。

> 「健康経営統括組織の設置が必要であると考えられる。必ずしも選任部署の設置が必要ではなく、兼業部署でもよいが、経営的視点で健康経営を実践するに当たっては、独立した選任部署の設置が望ましい。」
>
> ※経済産業省商務情報政策課ヘルスケア産業課「企業の「健康経営」ガイドブック～連携・協同による健康づくりのススメ」（平成26年4月公表、平成28年4月一部改訂）より抜粋

　しかしながら、健康経営統括組織の実態として、同調査で推奨している独立した専任部署を設けている組織は1割程度しかありません。なぜなら、実現が困難と考えられるからです。いかにすばらしいあるべき姿として体制を組んだとしても、組織として継続的に活動できなくなる可能性が高いのであれば、その体制は現実的ではありません。健康視点での取組みに対して、どの程度の作業負荷をかけるか、どの程度の人材を配置するのか、実現できる範囲で体制を構築する必要があります。

　例えば、健康経営統括組織を立ち上げるために優秀な人材を投入し、また、多くの時間を費やすような取組みを考える一方で、彼らがもともと担っていた作業を別の人材に押し付けることになっては、当然、人材不足となり、勤務環境が悪化してしまう可能性があります。それでは本末転倒です。

　また、健康経営統括組織のメンバーが立上げ時だけ注力して、その後はさまざまな業務も兼任していく場合は、当初は力を入れていても、継続的には意欲的な活動ができず、途中で投げ出すとはいかないまでも、活動が

おざなりになっていく可能性があります。一時的に注力して立ち上げることも一つの方法ではありますが、中長期的な取組みが実践可能な範囲で、組織体制も考えていくことも必要です。

（3）中心となるメンバー

　組織内部からは、総務部門・人事部門が関係しやすいことは先に述べましたが、ここに一般社員を含めると、現場の感覚を含めた検討がしやすい体制となります。また、産業医、保健師・看護師、管理栄養士などの人員体制を整えられる場合は、体制に組み込むことで、より専門的な知見をもって対応することが可能となります。

　医療従事者などの協力を得るのも有効です。自身の組織に医療従事者がいることは少ないため、多くの組織では外部資源を上手に活用することになります。

　保険者（組織の健康保険組合等）と連携することも考えられます。連携することで、専門的な意見やデータを得ることが期待でき、効果的に健康増進を図ることが可能となります。組織によっては、健康経営の有識者やコンサルタントを含めて、体制や実施内容を考えることも多いようです。

（4）メンバーに組み込むべき人材に関する注意点

　メンバーに組み込むべき人材を考えるうえで、経営トップ・CHO などの意思決定者や総務部門・人事部門などの人事関連部門担当者は、真っ先に思いつくかと思いますが、抜け落ちやすい視点として、「経営との融合」があります。

　健康重視の取組みは、これまでの社会において、経営視点の取組みとトレードオフとして考えられてきたことは既述のとおりですが、今後、経営と健康の両立を目指すためには、経営やコストボリュームを無視することはできません。健康にも経営にも効果があることは、どちらの立場にあるメンバーにも受け入れやすいものです。したがって、このテーマを検討するメンバーに、経費を握っている部門や経営企画を担う部門を組み込むことができれば、活動しやすい組織になるでしょう。

（5）健康経営優良法人の認定基準で求められる組織体制

　健康経営優良法人の認定基準でどのような組織体制が求められているのかについて、ここで確認しておきます。次世代ヘルスケア産業協議会 健康投資ワーキンググループ・日本健康会議 中小１万社健康宣言ワーキンググループによる「健康経営優良法人2018（中小規模法人部門）認定基準解説書」によれば、「健康づくり担当者の設置」として以下のとおり示されています。

　内容としては前述の、組織体制の解説と重複するため、ここでは、資料の紹介にとどめさせていただきます。

健康づくり担当者の設置

○設置趣旨

本項目は、従業員の健康保持・増進に関する取組みを実践する担当者を配置し、経営者、産業医、保険者及び健康経営アドバイザー等と適切な報告、連絡及び相談等を行うことで、組織全体に取組みを展開するために必要な組織体制の構築を行っているかを問うものである。

○適合基準

本項目は、事業場ごとに従業員の健康管理（健康診断や保健指導の実施、特定保健指導の連絡窓口等の実務）を担当する者を定めていることをもって適合とする。

なお、衛生管理者、（安全）衛生推進者、全国健康保険協会（協会けんぽ）の健康保健委員を、担当者の１人としてあてることも適合とする。

○認定申請書 別添２【項目番号２】において記載すべき内容

全事業場数、事業場名、事業場ごとの健康づくり担当者等を記載すること。

※次世代ヘルスケア産業協議会 健康投資ワーキンググループ・日本健康会議 中小１万社健康宣言ワーキンググループ「健康経営優良法人2018（中小規模法人部門）認定基準解説書」５頁より抜粋

3-2-2. 社内外への情報発信

　健康的な働き方を組織的に運用するメリットは、内部の従業員の満足度を高めるだけではありません。健康的な働き方ができる組織であることが外部に認められれば、採用活動にも効果があるものと期待できます。また、採用に限らず、経営的に安定しているという評価や、外部からの信頼が得やすいとされています。

　外部の評価を期待するならば、外部への情報発信が欠かせません。そこで、ここでは、外部への情報発信の種類を紹介するとともに、その方法や効果を解説していきます。

（1）健康宣言

　日本健康会議が認定する「健康経営優良法人」の申請においては、認定制度の評価項目を調査したり、取組みを評価することよりも、まずは「宣言」することが初期ステップとして解説されることが多いようです。

　これは、経営理念として経営者が自覚し、健康経営を目指すことで、取組みが始まると考えられているためでしょう。

　通常の活動においては、まず課題があり、課題を整理して、その解決方法としてさまざまな取組みを考え、最終的に外部公表するという流れを経ることが多いので、一般的な取組みの流れからすると、「宣言から開始する」というステップには違和感があります。その違和感を差し引いても、ひとまずはトップが外部に健康宣言を発することで、組織の内外に健康重視の意識付けをすることが効果的であるということを意味していると考えられます。

　宣言は、外部に対して行われるという性質から、組織トップのコミットメントが前提となります。単に組織の一部門の取組みではなく、組織全体でやっていくと捉えられることになります。このような状況に自ら追い込むことで、やりきる使命感を組織全体で共有できることが期待できます。

（2）誰に向けて情報を発信すべきか

　多くの組織で従業員の健康投資に係る取組みが加速化していますが、自社を取り巻く「関係者」に対して、その取組みに関する情報発信が効果的

にできているとは言えません。外部発信する情報も、そして発信する相手も、抜け落ちがないようにしなければなりません。

健康管理に関して、創意工夫された取組みが進んでいるのであれば、それを各ステークホルダーに情報発信しないのはもったいないと言わざるを得ません。従業員だけに取組みを伝えるのではなく、採用の場としてのリクルート市場、さらに、投資家、関係組織など、全方位的に情報発信することで、より効果的に健康に対する取組みを活用することができる余地があります。

(3) 投資家に対する情報発信の意義

投資家に対する情報発信が必要な理由は、健康経営銘柄の好影響もあり、彼らの注目が健康分野に集まっているためです。

投資にあたって、企業の非財務情報を確認することがあります。ESG活動（E＝環境 S＝社会 G＝ガバナンス）を企業を確認するポイントに加える投資家が増加していますが、その背景には、国連責任投資原則の中で、投資分析と意思決定のプロセスにESG課題を組み込むことなどが明記されていることがあります。ESG活動は、企業価値の向上や持続的成長に資するものと考えられていて、企業の健康経営は、ESG活動のうち、従業員や地域社会との関係（S）に該当するものです。

近年、健康経営を企業の持続的成長に資する取組みと位置付け、情報を発信することが求められてきています。

では、投資家向けの表現は、従業員などその他のステークホルダーに対する情報発信内容と比べて、違いがあるのでしょうか。

投資家に対しては、投資対象として評価しやすい形で表現すべきです。

投資家に対する情報発信の手段としては、有価証券報告書、アニュアルレポート・総合報告書、CSR報告書、コーポレートガバナンス報告書、投資家向け説明会資料等が挙げられます。中でも、アニュアルレポート・統合報告書とCSR報告書は、非財務情報の発信媒体とされることが多いため、健康経営の情報発信の場として活用することが考えられます（図表3-6）。

目的	国・業種	目的に関する記載内容	具体的施策例	中間指標	情報公開媒体
生産性向上	（日本・小売業）	✔社員は財産 ✔社員がその能力を最大限に発揮するためにも社員の職場での安全・健康を確保することは、会社の重要な責務の1つ	✔専門医に加え、保健師やエックス線技師、薬剤師を配置 ✔一般診療や健康診断、各種予防接種、健診や医療相談等を実施 ✔健保組合において保養所運営や禁煙支援等の健康キャンペーンを実施 ✔ストレスマネジメントルームを設置し、臨床心理士によるカウンセリングを実施	✔社員エンゲージメントの向上 ✔DBJ健康経営格付の取得	CSR報告書
ブランド価値向上	（日本・保険業）	✔顧客の健康を望む気持ちに応える社会的責任を果たすため ✔グループ企業行動原則の1つ	✔定期健康診断後の再検査の受診を徹底 ✔メタボ対策としての特定健診、特定保健指導の受診を徹底 ✔がん検診や「健康増進キャンペーン」の実施	✔有所見率・喫煙率の低下 ✔適正体重維持有・運動習慣有割合の増加 ✔健康経営銘柄の取得	アニュアルレポート
	（米国・製造業）	✔ヘルスケア関連企業としての誇りと責任	✔グローバルレベルの全従業員に対する健康チェックの実施 ✔従業員向けの食堂等における健康メニューの提供 ✔ウォーキング等を含むエクササイズ活動の促進 ✔禁煙エリア等の設置 ✔生産ライン上におけるストレッチの実施		CSR報告書

出所：各情報発信媒体より筆者作成

目的	国・業種	目的に関する記載内容	具体的施策例	中間指標	情報公開媒体
顧客サービス向上	（日本・運輸業）	✔全社員の物心両面の幸福を追求し、お客さまに最高のサービスを提供します	✔ウォーキング大会や運動会、体組成計の全国巡回等、各種健康セミナー等を全国の事業所において開催 ✔専属トレーナーによるストレッチ指導 ✔常勤産業医や保健師・臨床心理士の配置 ✔生活習慣病ハイリスク者への医療受診推奨、婦人科系のがん検診受診、臨床心理士によるメンタルセミナー等の実施	✔従業員の医療費が国民平均より約2割低く推移	CSR報告書
顧客サービス向上	（スイス・製造業）	✔従業員は企業の中心であり、財産である ✔従業員は企業の優位性を高める資本である ✔従業員の健康は、顧客満足度の向上につながる	✔従業員の健康的な食事や禁煙の促進 ✔栄養士やリハビリ師等の専門職員の配置 ✔感染症等のリスクがある国の職場においては、ワクチン配布等の予防施策を実施 ✔労働環境に起因する疾患の調査 ✔労働に起因するストレスリスクの軽減 ✔従業員の健康意識向上促進	✔病気による欠勤率の減少	CSR報告書
顧客サービス向上	（英国・小売業）	✔お客様に満足して頂くためには、従業員が最高のサービスと製品を提供できる能力を有することが重要である	✔従業員に対する充実した健康チェック、健康レポートを提供 ✔グローバルレベルでの全従業員に対する健康サービスを提供 ✔健康的な食事、エクササイズの慣行、メンタルヘルスへ配慮等の普及活動を実施	✔従業員の79%が働くことを誇りに感じると回答	CSR報告書
リスク軽減	（日本・製造業）	✔健康増進活動を強化し、グループ全体で傷病発生による会社と従業員の損失を低減することをめざした活動を進めています。	✔心の健康づくり、快眠セミナー等メンタルヘルス対策の実施 ✔生活習慣病対策としてライフスタイル調査、運動イベント、禁煙支援の実施 ✔がん検診受診環境の整備	✔休職者の減少 ✔メタボリックシンドローム予備軍該当項目割合の減少 ✔がん検診受診率の向上	CSR報告書

出所：各情報発信媒体より筆者作成

そのほか、近年ではホームページなどにおいても健康経営に関する情報が多く発信されています。おおむね以下のような内容が書かれています。

【目的】
・社員の健康増進のための実施する
・事業継続のために社員が健康であることの認識があり、その実践として取組みを進める　　　など
【体制整備】
・海外を含めグループ会社全体の健康経営のチームづくりをする
・健康保険組合との協力を行う
・社長を委員長とした、健康経営推進委員会の設置をした　　　など
【取組み内容】
・効果測定の指標と目標を設定した
・運動イベントを実施した　　　など
【成果】
・健康診断受診率を100％にした
・プレゼンティーイズム[15]が金額換算で３％減少した
・健康経営銘柄に選ばれた
・離職率が低下した　　　など

15　欠勤による損失をアブセンティーイズムと呼ぶのに対して、欠勤によらない日々の
生産性損失をプレゼンティーイズムとしている。

3-3　健康的な働き方の仕組みづくり・施策

　健康的な働き方の仕組みづくり・施策には、さまざまなレベルでの取組みがあります。

図表3-7．働き方改革の施策レベルと影響度

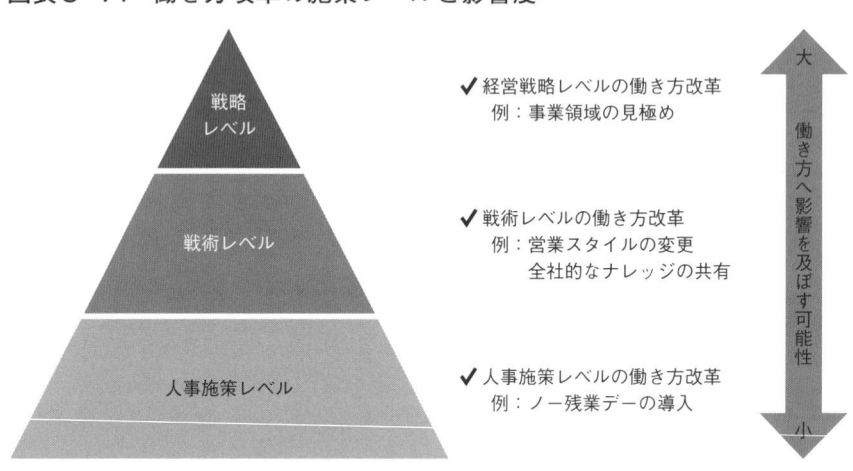

出所：トーマツ作成

　図3-7.のとおり、末端のレベルとしては、各部門での個別の取組みが考えられます。例えば人事施策のレベルであり、ノー残業デーの導入などが考えられます。その上位にある戦術レベルは、部門横断的な施策ではあるものの、「戦略」というよりは、個別の行動や仕組みの構築であり、例えば営業日報の簡易化や、ナレッジ共有の仕組みづくりなどが挙げられます。

　さらに上位のレベルとして、「戦略」レベルの施策があります。組織の運用全体を変化させるような事業領域の変更や、人事施策であってもより影響力のある方針がこの戦略レベルのアクションと言えるでしょう。

　上位レベルでの取組みは、下位レベルでの取組みに影響することが考えられます。ノー残業デーの取組みを部門単位の取組みとして実施した背景には、それを確認できる労務管理システムが整備されたことに起因しているかもしれません。また、そのような体制が実施できる背景や投資判断には、トップの方針が影響していることが多いものです。

そのように考えると、各レベルのどれが重要ということはなく、どれも実施していくことが重要になります。とはいえ、上位レベルでの取組みは複数の下位組織に影響することから、影響力が高いと考えられます。

3-3-1. 教育機会の設定

　教育の考え方については2-3-2で考え方について触れました。知識習得だけではなく、繰り返し実施されるスキルを身に付ける教育研修や、知識やスキルだけでなく実際にやろうという気を引き出すマインドについての研修があることを解説しました。

　ここでは、より具体的に、健康的な働き方を進める上での教育について解説します。

　次世代ヘルスケア産業協議会 健康投資ワーキンググループ・日本健康会議 中小1万社健康宣言ワーキンググループ「健康経営優良法人2018（中小規模法人部門）認定基準解説書」によると、「ヘルスリテラシー」の向上のために、管理職または従業員に対する教育機会の設定が必要であるとされています。

　「ヘルスリテラシー」とは、（健康管理の必要性を認識し、必要な健康保持・増進に係る知識）とされており、そのような知識習得の機会を設定することが重要であるとしています。管理職または従業員が知っておくべきヘルスリテラシーとは、具体的には、禁煙に関すること、食生活に関すること、健康に関する検定の受講に関することなどが、その例として書かれています。

　適合例）研修等による場合
　・従業員向け禁煙セミナー
　・管理職向けのメンタルヘルスラインケア講習実施
　・保険者が派遣する講師による食生活改善講座
　・健康知識などの向上に関する研修や検定等の受講

　※次世代ヘルスケア産業協議会 健康投資ワーキンググループ・日本健康会議 中小1万社健康宣言ワーキンググループ「健康経営優良法人2018（中小規模法人部門）認定基準解説書」より抜粋

教育の機会は、集合研修だけではありません。

　定期的な情報提供により、ヘルスリテラシーを向上させることも可能です。例えば、朝礼で担当者から健康づくりについて説明をすることや、社内のメールや掲示などのお知らせの中で、ヘルスリテラシーの向上に関する内容を盛り込むことなどは有効です。従業員全員が健康的な働き方について意識するようになるためには、そのような地道な情報発信が欠かせません。具体的には、感染症予防のお知らせを感染症が流行する時期の手前に行うことなどが考えられます。

　健康経営優良法人の評価基準としては、より具体的に研修や情報提供の頻度が設定されています。研修などによるヘルスリテラシーの向上については、1年に1回の研修もしくは一部の管理職や衛生管理者などが外部機関主催の研修などを受講し、内部でその内容を伝達していることが求められます。定期的な情報提供についても、1か月に1度の頻度で行うことが求められます。その際、全従業員に対して、健康をテーマとした情報提供を行っていることが必要であり、掲示板に掲示物を表示するのではなく、個人宛ての通知やメール、文書回覧で従業員個人の目に留まる方法である必要があります。

　研修や定期的な情報提供以外の方法としては、健康増進を目的とした旅行（ヘルスツーリズム）が考えられます。ヘルスツーリズムを通じ、従業員の健康知識の向上を期待するということです。

　以上のとおり、健康に係る研修や情報共有の手法はさまざまです。手法も重要ですが、その内容も重要です。内容は手法以上に多岐にわたり、先の事例の感染症についての研修もあれば、禁煙、運動、メンタルヘルスなど、さまざまな内容が考えられることでしょう。学ぶべき内容については本パートにて順次解説しますが、その内容やタイミングがどのような手法を用いると効果的かについて、うまく組み立てていくことが重要です。

3-3-2.　病気の治療と仕事の両立支援

　健康の反対の状態である病気にどのように対峙していくかは、本書のテーマである「健康的に働く」上での最大の論点になります。

　ここでは、「100% 健康でない状態でいかに働くか」という視点が必要

になります。

　筆者は、胆のうにポリープがあり、年に1回の健診で、3年連続してどんどん大きくなっていたので、その結果から注意を受けていましたが、それでも特に対策せず働いていました。また、筆者は骨折くらいでは医療施設に行きませんので、足を折ってしまったときも、足は像の足のように膨れ上がり、靴も履けない状態でしたが、ドラッグストアでサポーターを購入し、近所の店で杖を購入し、何とか出張先に足を引きずってたどり着きました。

　これらの状況は、筆者は覚悟して働いているので問題にはなりませんが、通常、異常なことだということは理解しています。

　もし筆者以外の同僚が、内臓に異常を抱えたまま働き続けたり、骨折しても全国を飛び回ったりしていたら、それは治療を優先させるべきと筆者自身も考えたことでしょう。

「病気の治療を要する従業員」に対して、仕事と健康の両立ができるように配慮するべきだと誰もが考えるでしょう。一方で、それぞれの従業員が日々多忙に過ごしている中で、「病気の治療を要する従業員」をどのようにして見つけるかということも忘れてはなりません。また、「どのような病気であれば治療を要するのか」についても、個人の感覚に依存していることが多いと言えます。がんや骨折でも、本人が治療を要すると考えなければそれでよいのか、治療の要否は誰が判断すべきなのかは、深い課題であると思います。

　解決のヒントとしては、相談窓口の設置などが考えられます。治療を要する従業員の相談窓口等を明確にし、その周知を図ります。また、従業員に相談しに行くように促すことも気にかける必要があります。こういった相談窓口については、先述の研修や情報共有の中で明示するようにします。

　事業所ごとに相談窓口を設置することも考えられますが、あまり分散してしまうと、相談の件数が少ないために、対応のレベルが低くなってしまう可能性があります。相談窓口自体がしっかりと機能するかどうかを定期的に確認することが重要です。

　実際に対象者が明確に分かったら、対象者の支援のために関係者が打合

せを行います。具体的には、勤務時間・業務内容・その他条件などについて、サポート内容や就業上の考慮、その他懸念点などを考慮して検討することが考えられます。

　病気を抱えながら働くということは、近年、特別なことではなくなってきました。厚生労働省の資料（図表3–8）によると、がん5年相対生存率は、1993〜1996（平成5〜8）年では53.2％であったものが2003〜2005（平成15〜17）年では58.6％と向上し、がんが「不治の病」から「長く付き合う病気」に変化したと、述べられています。

　また、医療技術の向上によって、日帰りの手術をはじめ、患者に負担の少ない低侵襲の手術が可能になってきました。入院前に検査するなどして在院日数（入院期間）を短縮するような医療機関側の仕組みの変化もあります。一概には言えませんが、働ける世代に対する医療に費やす時間が短くなってきている可能性が考えられます。

　ところが、そのような状況にあっても、仕事上の理由で治療を受けられない人もいます。糖尿病患者で通院を中断した人の多くが仕事（もしくは学業）のために通院を中断しています。

　病気に罹患したら、仕事を休んで医療機関に通い、治ってから戻る。「治らないなら仕事に戻れない」という従来の考え方を変えていかねばなりません。労働安全衛生規則等では、事業者は、「心臓、腎臓、肺等の疾病で労働のため病勢が著しく増悪するおそれのあるものにかかった者」については、その就業を禁止しなければならないとされていますが、近年の解説によれば、就業の機会を失わせないようにし、やむを得ない場合に限り禁止する趣旨であり、慎重に対応するようにとのガイドライン上の表現がなされています。

　このように、罹患しても仕事を続けられるように法制度の仕組みが変わってきていますから、事業者としても、それに沿って就業の仕組みを変える必要があります。そのためには、先に提案した相談窓口の設置のほかに、周りの従業員や経営者の理解を含め、病気の治療と仕事を両立させるための仕組みの整備が必要となります。

　病気と仕事を両立させるための仕組みで、代表的なものが関係文書の作成です。罹患した従業員が主治医に業務内容を説明して、その内容に対し

て主治医から書面で事業所に提示するなどの流れを記載した資料を作成したり、その際に必要となる書面を整理することは、従業員の助けとなります。

図表3-8. 事業場における治療と職業生活の両立支援のためのガイドライン

事業場における治療と職業生活の両立支援のためのガイドライン

本ガイドラインは、がん、脳卒中、心疾患、糖尿病、肝炎などの治療が必要な疾病を抱える労働者に対して、事業場において適切な就業上の措置や治療に対する配慮が行われるよう、事業場における取組をまとめたもの。

背景・現状

○ 治療技術の進歩等により、「不治の病」から「長く付き合う病気」に変化
（例：がん5年相対生存率が向上平成5〜8年53.2% → 平成15〜17年58.6%）

○ 仕事をしながら治療を続けることが可能な状況
（例：仕事を持ちながら、がんで通院している者が多数平成22年32.5万人）

○ 仕事上の理由で適切な治療を受けることができないケースがみられる
（例：糖尿病患者の約8%が通院を中断、その理由は「仕事（学業）のため、忙しいから」が最多の24%）

➡ **疾病にり患した労働者の治療と職業生活の両立が重要な課題**

○ 治療と職業生活の両立に悩む事業場が少なくない
（例：従業員が私傷病になった際、企業が従業員の適正配置や雇用管理等に苦慮する事業所90%）

➡ **事業場が参考にできるガイドラインの必要性**

出所：厚生労働省「事業場における治療と職業生活の両立支援のためのガイドライン（別紙1）」

　従業員の病気の程度や必要な治療の程度によって、事業場は、作業内容の変更や通院時間を確保することが必要となります。ケースによって対応は違ってくると思いますが、できれば、両立を支援するための仕組みを文書化しておくと対応しやすいでしょう。厚生労働省では、「両立支援プラン」の名称で、その作成を推奨しています。

　それでは、り患した従業員に働いてもらうことは、事業者側として負担になるものでしょうか。近年、労働人口の減少が続く日本においては、事業を継続するために従業員の確保が課題となっています。より多く従業員を確保するためにも、り患した従業員を継続的に活用することで、従業員が確保できるのであれば、事業者にとってのメリットになります。また、こうした事業者の対応が、社会的責任を果たしているというブランド価値の向上や、他のり患していない従業員に安心感を与えることにつながる可能性があります。

事業場が、がん、脳卒中などの疾病を抱える従業員に対して適切な就業上の措置や治療に対する配慮を行い、治療と職業生活が両立できるようにするため、事業場における取組方法などをまとめた厚生労働省「事業場における治療と職業生活の両立支援のためのガイドライン」（平成28年2月）（図表3-8）は、この問題に対する参考資料として有用です。

3-3-3.　食生活の改善に向けた取組み

　栄養・食生活は、生命を維持し、子どもたちが健やかに成長し、また人々が健康で幸福な生活を送るために欠くことのできない営みです。身体的な健康という点からは、栄養状態を適正に保つために必要な栄養素等を摂取することが求められ、その一方で食生活は社会的、文化的な営みであり、人々の生活の質との関わりも深いとされています。

　職域等における給食施設、レストラン、食品売場において、ヘルシーメニューの提供比率を上げ、その利用者を増加させることは、従業員の食生活改善に向けた取組みとして代表的な例と言えます。その他の代表的な取組みの例として、以下のことが考えられます。

- 従業員の食生活の改善に向けた普及啓発などの取組みを「継続的に」行う
- 従業員の健康意識向上のために、社員食堂における栄養素やカロリーを表示する
- 職場で朝食を提供する

　朝食を抜くことは健康経営の評価指標となっており、朝食を抜くことが週に3回以上あると、リスク要因としてカウントされるようです。また、飲酒に関しても、頻度や量によっては健康上のリスク因子となるとされているため、注意が必要です。働く環境の延長線上に飲酒することもかつては多かったと思います。組織を挙げてその対策を考えることも効果的です。

3-3-4. 運動機会の増進に向けた取組み

　従業員の運動不足を解消することで、従業員の健康を維持するという試みもまた、評価されています。運動不足解消のための取組みとして、定期的な機会を与えることは重要です。イベントとして運動機会の増進に向けた取組みを行うことも一案ですが、より効果が期待できるのは、一過性のものではなく、定期的な取組みでしょう。

　例えば、日々のラジオ体操やヨガ教室のなどの運動機会の開催は、複数回の運動機会や運動機会を慣習として根付かせるきっかけとなる可能性があり、評価できます。フィットネス利用料の会社負担やクラブ活動の促進は、これまでも実施してきた組織は多いのではないでしょうか。運動を通して仲間をつくることは、運動期待以外の効果も期待できるでしょう。

　筆者の知るある事業所では、昼休みにヨガ教室を開催したり、お互いに手をもみ合うハンドマッサージも行っています。たまたま、従業員にリフレクソロジーをされている方がいたことをきっかけに始まったようです。最初はその従業員が指導しますが、それぞれの従業員がお互いに行うために参加者意識が高まり、また徐々に上達するようです。

　徒歩や自転車での通勤環境の整備も考えられます。自転車通勤や走っての通勤は、季節によっては汗をかいてしまいます。そのため、着替え用のロッカーや更衣室の完備のほか、自転車置き場などについて検討する必要があります。事故についても取り決めをしておく必要があるでしょう。たまたま事故にあった従業員がいたからと言って全面禁止にするのは、場当たり的であると考えざるを得ません。遅刻した場合や事故にあった場合、また、自転車置き場がなく放置した場合などについても、その時にどのように判断するのか、事前に検討しておくことが必要です。

　歩数を測るデバイスを配付して、従業員の歩数競争をするなどのイベントを開催する例もあります。イベントは一過性のものですが、その内容が期間を通じたものであったり、日頃のプロセスを反映したりしたものであれば、決して一過性のものとはなりません。

3-3-5. ディスプレイを見続ける時間が多い場合

　さて、ここからは事業所ごとの特徴に鑑みて、検討すべき課題を解説します。

読者の皆さまには、長時間、ディスプレイを見続ける業務をされている方も少なくないのではないでしょうか。ディスプレイ等の表示装置（Visual Display Terminal：VDT）を長時間利用することで体に不調をきたすことは、「VDT症候群」とも呼ばれ、デスクワーク中心の従業員特有のリスクとして対応策を検討する必要があります。このほか、目が悪くなるなど、一般的に知られたリスクも考えられます。

　一定時間ごとにディスプレイから目を離すことや、ディスプレイの配置や操作性の向上などを検討することで、改善することが期待されます。

3-3-6.　座り仕事の時間が多い場合

　上記のディスプレイを長時間見続ける方々は、（大抵当てはまると思いますが）長時間、座り仕事をされている方々でもあるかと思います。

　近年、座り仕事は、健康上リスクがある状況と考えられています。New York Times Magazinesによると、12万3000人の米国人を対象とした調査では、1日中座り仕事に従事する人は、15年後の死亡率が40％増加すると言われています。また、国内の45歳以上の男女22万人を3年近くにわたって追跡した調査で、期間中に亡くなった人たちの生活スタイルを調べたところ、座る時間が大きく影響していたとする調査結果も出ています。その調査では、1日4時間未満の人たちと比べて11時間以上だった人たちは死亡するリスクが40％も高まっていたのです（NHKホームページ　http://www.nhk.or.jp/gendai/articles/3731/1.html）。

　座り姿勢は、立位姿勢に比べて身体全体への負担は軽いものの、腰椎にかかる力学的負荷は大きいと言われます。先に紹介したVDTを長く見つめるような事務作業だけでなく、窓口業務、工場における座り仕事も含め、椅子に腰かける作業や直接床に座りながら行う作業全般について、腰椎に対する負荷が高いリスクがあると考えた方がよいでしょう。

　また、拘束性の強い静的姿勢で作業を行わせる場合、具体的には、腰かけて身体の可動性が制限された状態で物を曲げる、引く、ねじる等の体幹の動作を伴う作業など、腰部に過度の負担のかかる作業を行わせる場合、腰椎への負荷を軽減させるような対策を考えるとよいでしょう。

　対策としては、定期的な立ち上がりを推奨することや、昇降式の机など

を活用することが考えられます。立ちながら会議を行うといった対策を講じる例もあります。

　ある企業では、座り仕事をするための通常のデスクに混ぜて、昇降式のデスクを一台だけ導入したところ、そのデスクが使いやすく人気があり、昇降式のデスクが取り合いになりました。当該業務は、座り続けるような業務ではなかったのですが、立ったり座ったりをかなり頻繁に繰り返す業務であったようです。立つ・座るを繰り返す動作にも、腰部に負荷がかかるため、立ったままで作業して、すぐにまた他の場所に移動する方が、従業員たちには楽な姿勢であったようです。

　この話から、長時間の座り仕事にかぎらず、立ったり座ったりという動作が多い業務も含め、対策を講じる余地があると言えそうです。

　加速度計と呼ばれる測定器を付け、一日に何時間座っているかを測定し、そのリスクについて考えることもできます。

　NHKの番組によると、タイトルは、「"座りすぎ"が病を生む!?」とあり、「（長く座る人は）肺がんの発症の可能性が高い。肝臓がんや慢性閉塞性肺疾患の可能性が高くなることが明らかになってきた。今後は感染症や、これまで明らかになっていない、がんとの関連も明らかにしたい」と解説しています。

　これが極論であるかどうかは別の議論として、少なくとも、長時間座っている方々に健康上のリスクがあるということは気にしていく必要がありそうです。

「座る」ということや「画面を見る」ということを考えるとき、本人の意識や行動ルールだけできなく、先ほど紹介した昇降式のデスクや立ったまま会議ができる場所、その他静止した業務からの解放を助けるオフィス環境も解決方法になり得ます。

3-3-7.　受動喫煙対策に関する取組み

　受動喫煙とは、室内またはこれに準ずる環境において、他人のたばこの煙を吸わされることを言います。現在、国を挙げての受動喫煙対策の動きがあり、健康増進法の中でも受動喫煙対策が盛り込まれています。労働安全衛生法でも、労働者の受動喫煙を防止するために適切な措置を講じるよ

うに努めるよう求められています。これらは、基本的には、望まない受動喫煙をなくすことを目的としており、特に健康影響が大きい子供や患者等には配慮する必要があります。

そこで、望まない受動喫煙をなくすという観点から、施設の類型・場所ごとに、利用者の違いに応じて禁煙措置や喫煙場所を特定し案内を掲げるようになってきています。いまや医療機関には禁煙外来があり、歩きたばこが禁止され、多くの場所で喫煙が制限されるようになりました。

それでもなお、会社組織という閉ざされた空間では、独自の文化が醸成され、世の中の常識が通用していないところもあると考えられます。そのような文化が、健康上問題になるような場合は、注意しなければなりません。中途採用者などの新たに入社するメンバーがその文化を受け入れてくれるとは限りません。また、遵法性を問われる可能性も発生します。

そのように注目されている受動喫煙対策に関する取組みであるため、健康経営優良法人の評価にも含まれています。その内容は、「従業員の受動喫煙防止に向け、すべての事業場において、敷地内喫煙、屋内完全喫煙又は喫煙室内以外禁煙を行っていないこと」（「健康経営優良法人2018（中小規模法人部門）認定基準解説書」より）とあります。

また、厚生労働省からは「職場における喫煙対策のためのガイドライン」（平成15年5月9日）が公表されており、対策を練るにあたっての参考となります。その内容を次に簡潔にまとめましたので、対策立案のヒントとして紹介します。

（1）喫煙対策の推進計画

喫煙対策を推進するにあたっては、職場における喫煙の実態、職場の空気環境の測定結果、喫煙に関する労働者の意見等の把握により、喫煙についての現状とその問題点を明確にします。また、その問題点を解決する具体的な方法等について、当面の計画および中長期的な計画を策定するとよいでしょう。

なお、これらの計画については、経営トップなどの指導のもと、労働者の積極的な協力を得て衛生委員会等で十分に検討し、確実に実施できるものとする必要があります。

（2）喫煙対策の推進体制

喫煙問題を喫煙者と非喫煙者の個人間の問題として、当事者にその解決を委ねることは、喫煙者と非喫煙者の人間関係の悪化を招くなど、問題の解決を困難にする可能性があります。

このような事態が生ずることを避け、喫煙対策を効果的に進めるには、事業者の責任のもとで労働衛生管理の一環として、次のような喫煙対策の推進体制を整備することが有効です。

①喫煙対策委員会

喫煙対策を円滑に実施するため、衛生委員会等の下に衛生担当者、喫煙者、非喫煙者の代表者等で構成する「喫煙対策委員会」を設置し、喫煙対策を推進するための合意形成を行う方法を検討するとともに、喫煙対策の具体的な進め方、喫煙行動基準等を検討し、衛生委員会等に報告します。

②喫煙対策の担当部課等

事業者は、喫煙対策の担当部課やその担当者を定め、喫煙対策委員会の運営、喫煙対策に関する相談、苦情処理等を行わせるとともに、各職場における喫煙対策の推進状況を定期的に把握し、問題がある職場について改善のための指導を行わせるなど、喫煙対策全般についての事務を所掌させます。

（3）施設・設備

施設・設備面の対策として、喫煙室等の設置等を行います。

可能な限り喫煙室を設置し、喫煙室の設置が困難である場合には喫煙コーナーを設置します。事業場における建築物の新設や増改築の場合は設計段階から空間分煙を前提とした喫煙室等の設置を計画し、既存の建築物については創意工夫によって喫煙室等の設置を図るとよいでしょう。喫煙室等には、たばこの煙が拡散する前に吸引して屋外に排出する方式の喫煙対策機器を設置し、これを適切に稼働させるとともに、その点検等を行い、適切に維持管理する必要があります。

やむを得ない措置として、たばこの煙を除去して屋内に排気する方式である空気清浄装置を設置する場合には、適切に維持管理するとともに、喫煙室等の換気に特段の配慮を行うことが求められます。

なお、たばこの臭いについての対策についても配慮するように整備しましょう。

（4）職場の空気環境

たばこの煙が職場の空気環境に及ぼしている影響を把握するため、事務所衛生基準規則（昭和47年労働省令43号）に準じて、職場の空気環境の測定を行い、浮遊粉じんの濃度を0.15mg/m 3以下、および一酸化炭素の濃度を10ppm以下とするように必要な措置を講じることが求められてます。また、喫煙室等から非喫煙場所へのたばこの煙や臭いの漏れを防止するため、非喫煙場所と喫煙室等との境界において喫煙室等へ向かう気流の風速を0.2m/s以上とするように必要な措置を講じます。

（5）喫煙に関する教育等

事業者は、管理者や労働者に対して、受動喫煙による健康への影響、喫煙対策の内容、喫煙行動基準等に関する教育や相談を行い、喫煙対策に対する意識の高揚を図ります。また、事業者は、喫煙者に対して適切な吸い殻処分の指導や、定期健康診断等の機会に喫煙による健康への影響等に関して医師、保健師等による個別の相談、助言および指導が行われるようにすることが望ましいでしょう。

（6）喫煙対策の評価

喫煙対策の担当部課等が定期的に喫煙対策の推進状況および効果を評価することも有効です。なお、喫煙対策の評価については、その結果を経営首脳者や衛生委員会等に報告し、必要に応じて喫煙対策の改善のための提言を行うことが望ましいと言えます。

3-3-8. その他喫煙対策を進める上の留意事項

（1）喫煙者と非喫煙者の相互理解

　喫煙対策を円滑に推進するためには、喫煙者と非喫煙者の双方が相互の立場を十分に理解することが必要です。

　喫煙者は、非喫煙者の受動喫煙の防止に十分な配慮をする一方、非喫煙者は、喫煙者が喫煙室等で喫煙することに対して理解することが望まれます。

（2）妊婦等への配慮

　妊婦および呼吸器・循環器等に疾患を持つ労働者については、受動喫煙による健康への影響を一層受けやすい懸念があることから、空間分煙の徹底を行う等により、これらの者への受動喫煙を防止するため格別の配慮が必要です。

（3）喫煙対策の周知

　喫煙対策の周知を図るため、ポスターの掲示、パンフレットの配布、禁煙場所の表示等を行います。また、これらにより来訪者に対しても喫煙対策への理解と協力を求めましょう。

（4）情報の提供等

　喫煙対策の担当部課等は、各職場における喫煙対策の推進状況、他の事業場の喫煙対策の事例、喫煙と職場の空気環境に関する資料、受動喫煙による健康への影響に関する調査研究等の情報を収集し、これらの情報を衛生委員会等に適宜提供します。

　また、効果のあった職場における喫煙対策の事例等の情報は、積極的に外部に公表することが望ましいでしょう。

3-3-9.　感染症予防に向けた取組み

　組織単位で従業員の感染症を予防することは、従業員の病欠や感染症による非効率化の対策となります。まさに、業務と直結した取組みです。

　感染症予防についても、他のいくつかの取組みと同様に、従業員への研修によるヘルスリテラシーの向上が効果的であると考えられます。手を洗

うことやマスクをすることは社会人であれば誰でも知っていることでしょう。ところが、実際は、手を洗うことが面倒であったり、つい咳をするときに配慮が欠けていたりしがちです。感染症予防に配慮するためには、意識を高く持つことが必要となるため、研修などを通じて、実際に行動変容につなげることが重要です。

　教育研修以外の代表的な取組みの一つとして予防接種について配慮することは、容易に考えられると思います。予防接種に行く時間を業務時間内に確保する、つまり出勤認定することも有効です。予防接種の実施場所を提供することで、業務中でも予防接種を受けやすくすることも一案です。予防接種の費用について補助したり、費用負担したりすることも多くの企業で実施されています。

　このほか、備品による取組みもあります。アルコール消毒液の設置、化粧室のジェットタオルや使い捨ての紙タオルの設置、マスクの配布などが、その代表的な例です。

　感染症予防のポスター、回覧、メールなどによる情報提供も考えられます。

　インフルエンザなどの感染症は、ほぼ全員が対象となり、汎用的な対策をとる必要のある疾病です。その他にも、事業所によって、特有の対策や特有の感染症リスクがないか検討することも重要です。

3-3-10. 長時間労働者への対応に関する取組み

　過重な労働を長時間にわたって行うことは、疲労の蓄積の最も重要な要因です。過重労働による疲労蓄積は、脳・心臓疾患の発症やメンタルヘルス不調との関連性が強いと言われています。このように、医学的知見からも長時間労働に対して健康が損なわれると指摘されているため、健康的に働くことを目指すにあたり、長時間労働の課題は避けては通れないものです。

　このため、厚生労働省においても、2002（平成14）年2月から「過重労働による健康障害防止のための総合対策」（以下「旧総合対策」といいます）に基づいて対策が進められています。その後も、働き方の多様化や長時間労働に伴う健康障害の増加など働き手の生活や健康に関わる問題が深刻化していることから、労働安全衛生法などの改正が行われてきました。

　具体的には、次のような対策が事業者に求められています。

・時間外・休日労働時間の削減
・年次有給休暇の取得促進
・労働時間等の設定の改善
・労働者の健康管理に係る措置の徹底

　長時間労働の課題を認識するうえで、働き手自らが自身の労働時間を把握できる環境を整備することが求められます。

　それには、PC のログインなど、客観的な事実により、自身で労働時間が確認できることが原則となっています。とはいえ、自己申告によって労働時間を申請することが認められないということではありません。ただし、その場合は、自己申告を阻害する要因は排除されることが求められます。適正な労働時間の記録が求められている中、そのデータを活用することによって、どのような対策をとるべきかを検討することができます。

　長時間労働については、法律やガイドラインなどにより、多くの制限や指導がされていますので、こうした規制に注意を払い、対策を練ることになります。

　万一、長時間労働によって健康を害するような状況が発覚した場合は、産業医等の助言または労働衛生コンサルタントの活用を図りながら原因の究明および再発防止の徹底を図ることが求められます。

　次に、過重労働が引き起こす心身の不調の中で、特にメンタルヘルス不調についての注目度が高いことから、メンタルヘルス不調について付け加えておきましょう（なお、ここでは長時間労働・過重労働とメンタルヘルスの関係などについて簡単に解説するにとどめ、メンタルヘルス不調への対策については、次項で解説します）。

　メンタルヘルス不調はうつ病などの精神疾患につながるもので、最悪の場合、自殺などに発展することが考えられます。メンタルヘルス不調は、長時間労働によるものだけではありませんが、島悟「過重労働とメンタルヘルス──特に長時間労働とメンタルヘルス──」（http://kokoro.mhlw.go.jp/paper/files/04-r21- 4 -shima-kajyu.pdf）によると、長時間労働が睡眠不足を引き起こす可能性が高いとしています。そして、睡眠不足はメ

ンタルヘルス不調の発生頻度を高めるようです。

　このことから、単に長時間労働か否かということだけでなく、精神的な緊張の長時間化や実際の睡眠時間の状況についても確認することが有効だと考えられます。

3-3-11. メンタルヘルス対策

　身体的不調だけでなく、メンタルヘルス不調によっても欠勤や非効率な業務となるリスクが考えられ、従業員が業務に従事する時間が減少することもあるため、企業としてメンタルヘルス不調に取り組む必要があります。

　ここで注意しなければならないのは、明らかにメンタルヘルス不調である従業員を対象とするだけでなく、メンタルヘルス不調「予備群」に対しても対策を講じていく必要があるということです。代表的な例としては、後述するストレスチェック（3-3-12.「ストレスチェック」）を実施して、メンタルヘルス不調に陥らないようなサポートをしたり、メンタルヘルス不調となっている従業員を発掘したりします。ストレスチェック以外では、外部の相談窓口を設置している事例も多く、当該窓口を通じてメンタルヘルス不調の従業員を発掘し、支援していくという対応も一般的です。

　メンタルヘルス不調の対象者には、医療関係者の面談を実施することも有効です。その際、医療関係者は第三者であることが推奨されます。また、その面談の結果を踏まえ、職場復帰に向けた対策を講じることが必要です。

　なお、メンタルヘルス不調者が働く場面を考えた場合の対策として、いくつかの注意点があります。メンタルヘルス不調は必ずしも働く環境からくるものではなく、家庭環境に起因することが多くあります。また、メンタルヘルスケアを進めるにあたっては、健康情報を含む労働者の個人情報の保護や労働者の意思の尊重に留意することが重要です。心の健康に関する情報の収集や利用にあたっての労働者の個人情報の保護への配慮は、労働者が安心してメンタルヘルスケアに参加できること、ひいてはメンタルヘルスケアがより効果的に推進されるための条件です。

　実際の対策として、厚生労働省は、４つのケアがあるとしています（厚生労働省「職場における心の健康づくり～労働者の心の健康の保持増進のための指針」より）。

　はじめに、「セルフケア」として、ストレスやメンタルヘルスに対する正しい理解を捉し、ストレスチェックなどを活用したストレスへの気付きやストレスへの対処などを自身で学べるようにすることです。

　次に、「ラインケア」です。「ラインケア」とは、周りの人が気付き、サポートすることを指します。周りの人の変化に気付き、ラインケアの質を高めるためには、日ごろから部下や周りの従業員に関心を持つことが求められます。

　例えば、それまで遅刻をしたことなどなかった部下が急に遅刻を繰り返したり、無断欠勤をするようになった場合、「おかしい」と変化を察知する気付きがラインケアの出発点になります。いつもの行動様式や人間関係の持ち方に変化があった場合、周りが気付き、そしてその原因としてメンタルヘルス不調になっていないか考えることは、ラインケアの重要なポイントとなります。

　あなたの部下が「セルフケア」を実施できていれば、実際に、自発的に部下からメンタルヘルスに関する相談を受けることがあるでしょう。そのような際には、まずきちんと部下の話を聞くこと、そして、適切な情報を提供し、必要に応じて相談窓口などを案内すること、これらの行動をとることが求められます。また、管理職がこれらの行動を遅滞なくとれるように、組織として教育を行うことが有効でしょう。

　あとの2つのケアは、「事業場内産業保健スタッフ等によるケア」と、「事業場外資源によるケア」です。「事業場内産業保健スタッフ等」とは産業医や衛生管理者を指し、「事業場外資源」は外部の機関を指しています。事業場外のため、ネットワークの確保や情報提供などに努めることが職場の管理監督者として必要であると言えます。

3-3-12.　ストレスチェック

「ストレスチェック」とは、ストレスに関する質問票（選択回答）に労働者が記入し、それを集計・分析することで、自分のストレスがどのような状態にあるのかを調べる簡単な検査です（図表3-9）。

　労働安全衛生法では、労働者が50人以上いる事業所では、2015年12

図表3-9. ストレスチェックと面接指導の実施に係る流れ

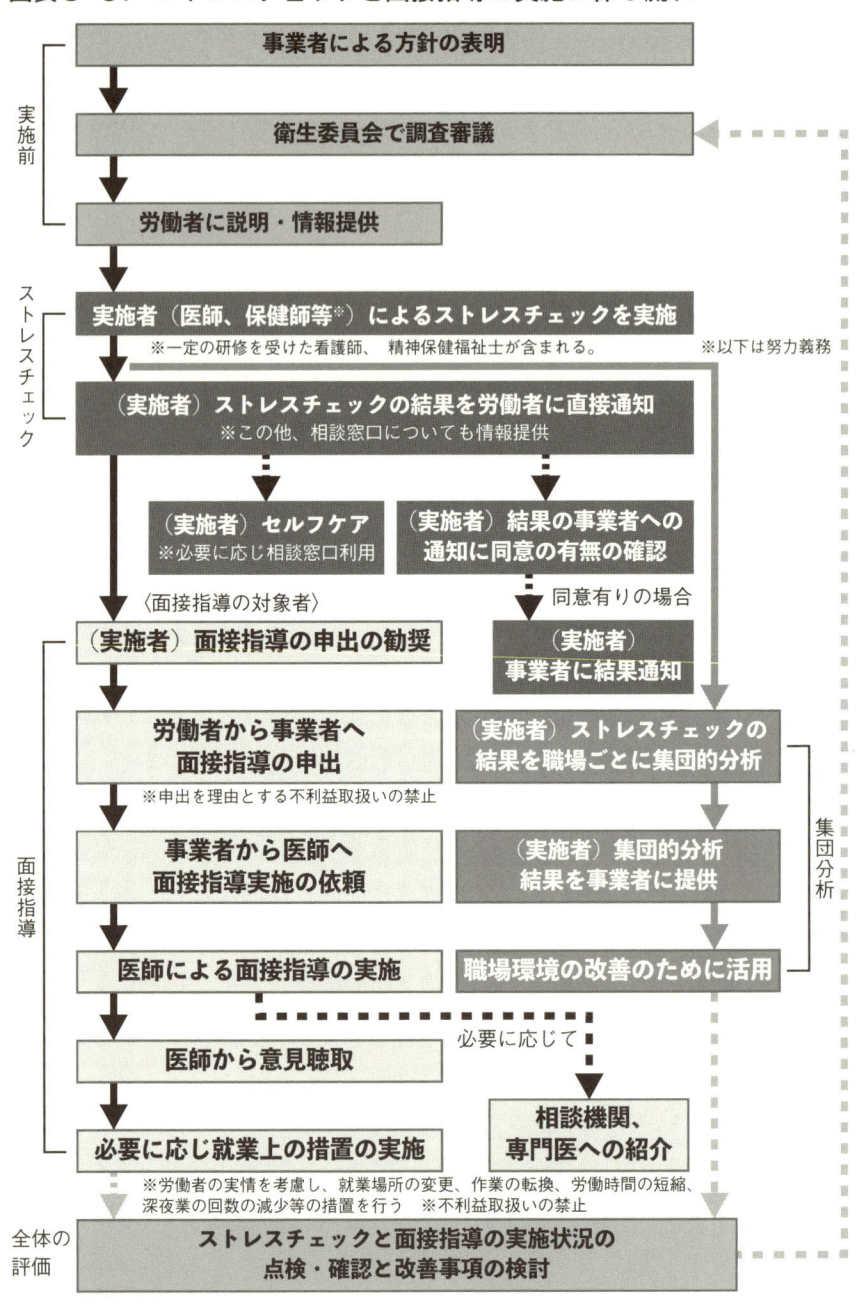

出所：厚生労働省「こころの耳（ストレスチェック制度について）」より
https://kokoro.mhlw.go.jp/etc/kaiseianeihou/

月から毎年１回、この検査をすべての労働者[16]に対して実施することが義務付けられています。

　ストレスチェックを実施することで、その労働者のストレスの状態が一定の基準に照らして把握できます。ストレスの状態を知ることで、ストレスを溜めすぎないように対処したり、ストレスが高い状態の場合は医師の面接を受けて助言をもらったり、会社側に仕事の軽減などの措置を実施してもらったり、職場の改善につなげたりすることで、「うつ」などのメンタルヘルス不調を未然に防止するための仕組みとなります。

　ストレスチェック制度の計画づくりや進捗状況を把握・管理する者を設置し、さらに、ストレスチェックの実施者として、医師、保健師、厚生労働大臣の定める研修を受けた看護師・精神保健福祉士の中から選ぶ必要がありますが、外部委託も可能とされています。また、ストレスチェック後の面接指導を担当する医師も決めておく必要があります。

　現在、厚生労働省の発表では、実施義務対象の82.9％の事業場がストレスチェックを実施しています（図表３-10）。

図表３-10.　ストレスチェックの実施概況

・ストレスチェック制度の実施義務対象事業場のうち、82.9％の事業場がストレスチェック制度を実施
・ストレスチェック実施事業場の労働者のうち、ストレスチェックを受けた労働者の割合は78.0％
・ストレスチェックを受けた労働者のうち、医師による面接指導を受けた労働者の割合は0.6％
・ストレスチェックを実施した事業場のうち、78.3％の事業場が集団分析を実施

出所：厚生労働省「ストレスチェック制度の実施状況を施行後はじめて公表します」（平成29年７月26日）より

16　契約期間が1年未満の労働者や、労働時間が通常の労働者の所定労働時間の4分の3未満の短時間労働者は義務の対象外です。

図表3-11. ストレスチェックの分析事例

(男性用)

━━━ 素点換算表に基づく評価点の算出方法 ━━━

尺度	計算 (No.は質問項目番号)	低い／少い	やや低い／少い	普通	やや高い／多い	高い／多い	評価点
A【ストレスの原因と考えられる因子】							
評価点		5	4	3	2	1	
心理的な仕事の負担(量)	15-(No.1+No.2+No.3)	3-5	6-7	8-9	(10-11)	12	2
心理的な仕事の負担(質)	15-(No.4+No.5+No.6)	3-5	6-7	(8-9)	10-11	12	3
自覚的な身体的負担度	5-No.7		(1)	2	3	4	4
職場の対人関係でのストレス	10-(No.12+No.13)+No.14	3	4-5	6-7	(8-9)	10-12	2
職場環境によるストレス	5-No.15		1	(2)	3	4	3
評価点		1	2	3	4	5	
仕事のコントロール度	15-(No.8+No.9+No.10)	3-4	(5-6)	7-8	9-10	11-12	2
技能の活用度	No.11	1	(2)	3	4		2
仕事の適性度	5-No.16	1	(2)	3		4	2
働きがい	5-No.17	(1)	2	3		4	1
B【ストレスによっておこる心身の反応】							
評価点		5	4	3	2	1	
活気	No.1+No.2+No.3	3	4-5	6-7	8-9	(10-12)	1
評価点		1	2	3	4	5	
イライラ感	No.4+No.5+No.6	3	(4-5)	6-7	8-9	10-12	2
疲労感	No.7+No.8+No.9	(3)	4	5-7	8-10	11-12	1
不安感	No.10+No.11+No.12	(3)	4	5-7	8-9	10-12	1
抑うつ感	No.13~No.18 の合計	(6)	7-8	9-12	13-16	17-24	1
身体愁訴	No.19~No.29 の合計	(11)	12-15	16-21	22-26	27-44	1
C【ストレス反応に影響を与える他の因子】							
評価点		1	2	3	4	5	
上司からのサポート	15-(No.1+No.4+No.7)	(3-4)	5-6	7-8	9-10	11-12	1
同僚からのサポート	15-(No.2+No.5+No.8)	3-5	(6-7)	8-9	10-11	12	2
家族・友人からのサポート	15-(No.3+No.6+No.9)	(3-6)	7-8	9	10-11	12	1

※素点換算表には「仕事や生活の満足度」の項目がありますが、高ストレス者の選定に当たっては使用しません。
出所：厚生労働省「数値基準に基づいて「高ストレス者」を選定する方法」（2015年8月3日）より
https://www.mhlw.go.jp/bunya/roudoukijun/anzeneisei12/pdf/150803-1.pdf ）

　既に多くの事業場によってストレスチェックが実施されていることが伺えます。これらの分析結果を活用することで、対策すべき従業員を特定していくことが求められます。厚生労働省のマニュアルでは、従業員の回答の状況により、単にストレスが高いか低いかという判定だけでなく、どのような要因によるストレスに分類されるかの分析方法が紹介されています。技能の活用度に起因するストレスが高いのか、上司からのサポートに起因するストレスが高いのかなど、その分析によってとるべき対策が導き出されることが期待されます（図表3-11）。

　ストレスチェックの実施については、厚生労働省から、「労働安全衛生法に基づくストレスチェック制度実施マニュアル」などのマニュアルが公表されていますので参考になります。

※図表3-11は、厚生労働省の資料（数値基準に基づいて「高ストレス者」を選定する方法）の評価点算出部分のみ参考提示したものです。実際は、この図表の前提としていくつかのストレスチェックの質問項目があり、その質問の回答を、指定された計算方法で点数づけします。その点数を評価点として換算したのが本図表です。本書では解説を省略し、結果イメージのみ提示していますが、ご関心あれば、公開されている出所元をご確認ください。

3-4.　振り返りと改善の重要性について

　健康的にイキイキと働くことを目指すとき、それが一過性のものであってはいけません。働き方改革の実施において、「PDCAを回す」とよく表現されるように、一定の周期をもって、チェックしたり、対策を変えていったりすることが必要なのです。

　ここでは、PDCAのC（check）とA（Action）に当たる部分について解説します。

3-4-1. 振り返りチェックをする意義

　本パートでは、これまで健康的な働き方を実現するための対策を解説してきましたが、それらすべての対策は、繰り返し、継続的に実施されることが求められます。例えば、研修であれば、単に「知っている」だけではなく「行動に移せる」ように、一定の周期で実施されることが重要です。当然、新しいメンバーが入ってくる場合も研修は必要です。新しいメン

バー、新しい仕組み、新しい事業が増えることによって、研修やマニュアルの内容も、CHO や CWO などの体制のメンバーも更新していく必要があります。

繰り返し確認していくことで、新たに分かることもあります。定量的に測定されたデータがあっても、他の組織と比較して高い・低いと言うことは非常に困難です。なぜなら、組織ごとに内部の状況や外部の環境が異なるからです。そこで、定量データは、過去の自身の状況と比較することが有効です。例えば、健診結果や残業時間、相談件数など、昨年と比べどのように変化したのかを確認することで、1 年間の取組みに対してどのような効果があったのかについてチェックすることが可能となります。短期的なアウトカムを設定していれば、その数値は目に見える形でこれまでの実施内容を反映することでしょう。

3-4-2. 評価の考え方と今後の取組み（アクションプラン）の設定

図表 3-12 のとおり、取組み開始時には、自社の状況を確認し、「これでは理想的な状況ではない」と考え、どこをゴールにするのかを設定していたはずです。もちろん、そのゴールは数年先ということもあり、今年やり遂げたいということもあり、各組織においてさまざまです。とはいえ、「理想的な状況というこということがどのようなものなのか」は設定しているはずです。

そして、それを前提として「今年度の評価をしよう」となった場合、次の図表 3-13 のような状況になるのではないでしょうか。

この状況は、取組み開始時よりも良好な状況ではあるものの、理想的な状況には到達していない、というケースです。

現状と取組前の差は、今回の取組みの成果です。そして、理想的な状況と現状の差が、今回できなかった部分です。今後の対策検討を考える上では、「なぜ到達していないのか」を考える必要があります。もともと 1 年では到達しない目標ではなかったか。だとすると、1 年でどの程度のゴールを設定することが望ましいかが見えてきます。社会情勢や組

184

図表3-12.　健康的な働き方への到達イメージ①

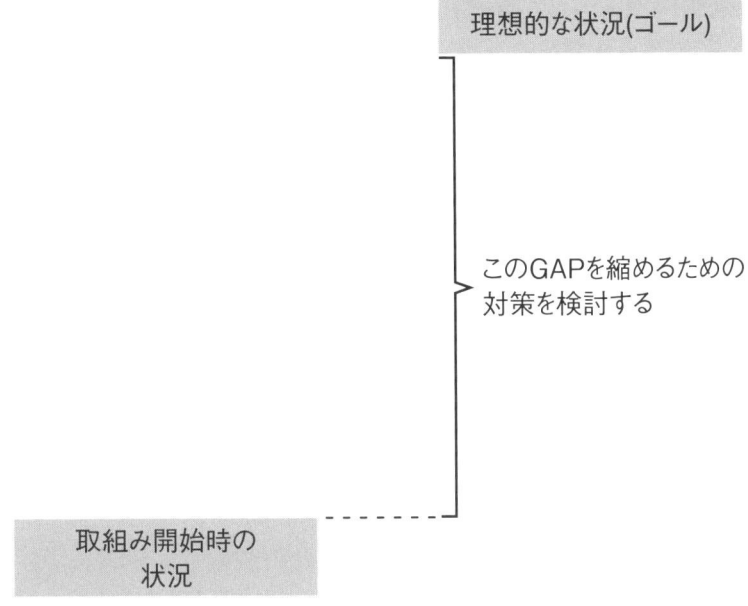

出所：トーマツ作成

図表3-13.　健康的な働き方への到達イメージ②

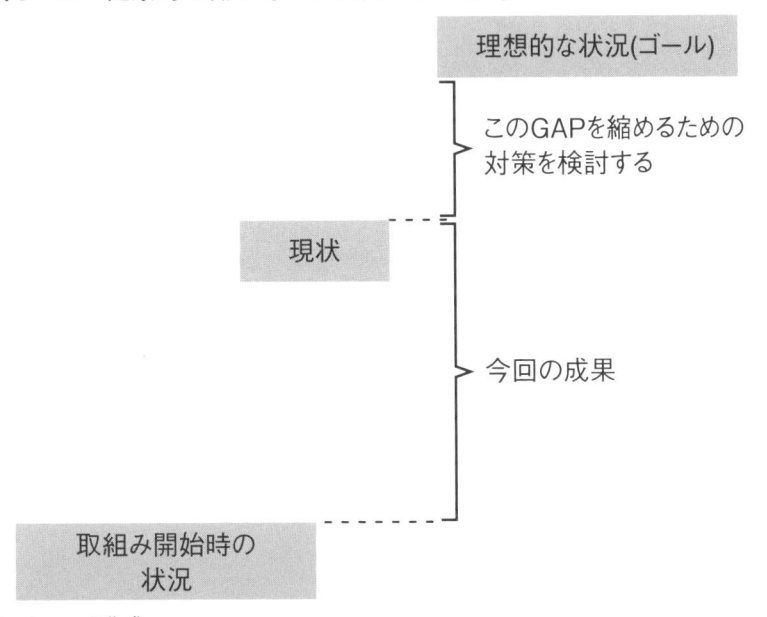

出所：トーマツ作成

織の内部状況によって、より設定しやすいゴールが生まれることもあります。出退勤のシステムを導入することで出退勤のデータが正確にとれるようになったという変化について、その数値をゴール設定にしたいということであれば、ゴール設定を変えていくべきでしょう。

　ゴールを、より現実的にしたいという意見があり、よりよいデータが追加されるなど、さまざまな環境変化がある中で、ゴールを変更したいという考えが出てくるでしょう。一度決定したゴールを変更しないことの、説明はつきやすいかもしれませんが、ゴール自体を適切なものに変更していくこと自体は必要だと考えます。

　さて、今年度の活動によって、ゴールに近づいたとすると、それを継続すればさらにゴールに近づく、と考えることが一般的かもしれません。ただし、そうとは一概には言えないことも少なくありませんので、それ以上の効果が上がる取組みを平行して実施するような対策を追加するなど、さらに考えを深めて今後の対策を検討することが必要です。

　また、結果が出ない場合もあると思います。結果が出ない場合においても、「なぜ結果が出なかったのか」「対策が有効的でなかったのか」「何が原因となっているか」などを検討して、今後の対策を考えます。

　いずれにしても、今年度の活動の「評価」（振り返り）が何よりも重要となります。

　さらに、今後の対策は、具体的なアクションプランとして計画を立てることが重要です。そして、そのアクションプランは単なる思い付きではなく、今回の結果の評価を反映したものとしなければなりません。評価は、次のアクションプランに直結するものなのです。

【STORY～エピローグ】

　2年間、松田を中心とした FW プロジェクトは進められ、「健康」と「幸福」というキーワードをもとに指標をモニタリングし、一定の成果が得られる結果になった。もちろん、すべてが満足いく結果になったわけではなかったが、少なくとも各部署のほぼ全体で改善傾向が見られたことは喜ばしいことであった。各部署において効果検証のためのヒアリングも行われ、「以前に比べると働きやすくなり、働き甲斐を感じるようになった」という声が挙がるようになった。

　プロジェクトメンバーの協力を得てここまで達成できたことに松田は感謝していたが、満足していたわけではなかった。プロジェクトとしての活動はいったん幕を閉じることになるが、まだ継続的な活動は必要であると感じていた。

「皆さん、本日は FW プロジェクトの最終日となります。これまで本当にありがとうございました。思い起こせば、2年前のプロジェクトキックオフミーティングからスタートし、皆さんお忙しい中時間を割いていただき、活発な議論を行った結果、さまざまな取組みを企画し、実行することができました。非常に充実したプロジェクトであったと感じています。単に仕組みを入れるとか、ルールを作るとかだけではなく、現場社員の生の声を聞きながら、本質的な取組みができたものと自負しております。これも、ひとえにプロジェクトメンバーの皆さんのおかげであると感謝しています」

　松田はこれまでのプロジェクトメンバーの活動に感謝の気持ちを込めて話した。

「私個人としては、まだこの活動そのものがゴールに到達したわけではないと感じています。確かに会社全体としてはよい方向に向かっていると私自身も感じていますし、実際に現場からもそのような声を耳にするようになりました。世間でもかなりの評価を得て、会社がさまざまな記事などに取り上げられるようにもなってきました。しかし、不満の声がないかといえば、そういうわけではなく、まだ形だけになってしまっている職場もあるものと認識しています。全社員が、健康的に、幸せに働くことができる環境を作っていくためにも、継続的な活動が必要です。ここにいらっしゃるプロジェクトメンバーの皆さんは、FW プロジェクトのエバンジェリスト、すなわち伝道師のような貴重な存在であると考えています。ですので、このプロジェクトが終わった後も、この活動

をより強く推進していくための支援をしていただければと考えています」

　メンバー全員から、拍手が沸き起こった。涙ぐんでいる塚本の姿もあった。

「もちろん賛成なのですが、私たちは具体的にどんな活動を行っていけばよいのでしょうか」

　堀尾が質問した。

「ありがとうございます。このプロジェクトはいったん終わりますが、皆さんには今後も定期的に集まっていただく機会を作ろうと思っています。例えば、人事部主導で毎年行っている社員満足度調査は、社員幸福度調査という名称に変わり、この結果はすべて開示されるようになりました。その結果をもってどのような活動に結び付けていくのか、これを検討する機会を経営企画室と人事部が一緒になって作っていきたいと考えています。その検討の際には、皆さんにもぜひともご参加いただきたいと考えています。また、特別な活動だけではなく、このプロジェクトの中で共有した先行事例であったり、社長の思いであったり、そういう情報は惜しみなく現場社員の皆さんにお伝えいただきたいと思っています。これは現場にいらっしゃる皆さんだからこそできる役割であると思います。もし、皆さんが現場で旗振り役をするのが難しいようでしたら、経営企画室と協働でやることももちろん可能ですので、遠慮なくご連絡いただければと思います。皆さんの上司に当たる方々にも、このプロジェクトと皆さんの今後の役割をお伝えしておきますので、皆さんの活動をサポートしていただくようお願いしておきます」

　こうして、プロジェクトは終了した。松田は自分のデスクに座り、この２年間を振り返り、何を学んだのかを改めて棚卸しをしていた。プロジェクトマネジメントを行ったことはよい経験になり、メンバーとの人脈が形成されたことは職業人生の中で大きな財産となった。だが、それ以上に、社員の健康や幸せ、働き方や働き甲斐について、社員がどのようなことを考えながら、何を期待しながら仕事をしているのか、これらについてこれほどまで真剣に、しかも長期間考えたことはなかった。我が社には我が社の文化や風土があり、それは同じ会社内でも組織によって異なる。単純に他社がこんなことをやっているから真似してみよう、先進のITツールは積極的に入れよう、というだけでは思ったような効果が出ないケースがあることも分かった。そもそも目的が何で、そのた

めの施策として何をすべきなのか、その効果を検証し、分析して、また新たに手を打つ。当然ながらそこには費用対効果も念頭に入れなければならない。考えてみれば当たり前の話なのだが、これを愚直にできていないのが世の中の企業の実態なのではないかと改めて感じたところである。

　加藤は社長室の窓から、少し春めいてきた爽やかな街並みとその中を足早に歩く少し薄着になったスーツ姿の男女たちを見下ろしながら、今回の全社のFWプロジェクトの取組みを思い返していた。最近では、働き方改革の成功事例としてマスコミなどにも取り上げられる機会が増え、加藤もちょっとした有名人になった。ビジネス誌や新聞などのインタビューにも応じることが多くなってきた。会社のブランドイメージも高まり、採用活動にも好影響を及ぼしているとも聞く。ITツールなどのインフラ整備のために一定の投資額はかかったものの、全社の残業代が減った分、思った以上に効果的な投資であった。経営企画室と人事部の連携も以前に比べると随分とスムーズになった。社員たちも早く帰宅するようになり、プライベートの時間も持てるようになっている。なぜもっと早くこの取組みを行わなかったのかと後悔するくらいである。
「失礼します。社長、ちょっとよろしいでしょうか」
　専務の西本がノックして社長室に入ってきた。西本は先日CWO（Chief Well-Being Officer）に就任したところである。
「ああ、西本さん、どうぞ入って」
　加藤はいつも社員に対してさん付けで名前を呼ぶようにしている。
「ありがとうございます。少しご相談させていただきたいことがありまして」
「大丈夫ですよ。まあどうぞ座って」
　西本は社長室にある革張りの少し贅沢なソファに腰を掛け、加藤と対面に座った。
「実は、買収案件があります。海外になりますが、常々社長がご懸念されておりますように、当社の今後の将来を考えますと、こういった戦略的な仕掛けが必要ではないかと考えております。概要はまた改めてお伝えいたしますが、話をお聞きになりますか？」
「今後の成長を考えると、海外市場に本格的に出ていくことを考えなければならないね。買収対象はどこですか」

「インドネシアの会社です。既に日本企業も多く進出していますし、当社の取引も既に何社かある状況ですので、条件面さえ合えば比較的ハードルは高くないものと思われます。当社のサービスに対するニーズはあることはこれまでの取引の中で確認できていますので、ビジネス拡大のチャンスであると思います」
「なるほど。では具体的に話を聞かせてもらおうか」

　松田は買収先のインドネシアの会社を訪問するため、成田空港に向かっていた。松田自身が現地の会社へ赴任することが正式に決定したわけではないが、今後の社長の判断によっては現地の責任者として派遣される可能性があると示唆された。これまでは日本国内の正社員を中心とした働き方、健康そして幸福について考えてきた数年間であったが、まだこれからアルバイトやパート、嘱託社員といった社員たちのことも検討しなければならないと考えていた。その矢先に、今度は海外展開である。インドネシアにおけるビジネスの拡大をいかに仕掛けていくか、組織をどのように編成し、国の文化、企業の文化がまったく異なる人材をどのようにマネジメントし、成果を上げていくのか。彼ら彼女らの働きやすさ、働き甲斐、健康と幸福度はどのようなものなのか、それらに対するアプローチを考えていかなければならないのである。
　松田はこれまでのFWプロジェクトで培ったものをどう活かすことができるのか、まったく予想もつかない環境の中で、多少の不安を感じながらも、まだ見たことのない世界に飛び込むことへの期待と自分がどこまで通用するのか試してみたい気持ちで満ち溢れていた。

【まとめ〜Future of Work プロジェクトを終えて】

　Future of Work プロジェクトメンバー他、数名の社員の皆様に、筆者からインタビューを開催しましたので、その模様を以下に議事メモとして掲載します。

インタビュアー　筆者

インタビュイー　営業主任　塚本理香さん

筆者：この度はお疲れ様でした。塚本さんは、メンバーの中も一番お若く、大変な面もあったかと思うのですが、全社的なプロジェクトにご参加されて、全体を通じていかがでしたでしょうか？

塚本：FW プロジェクトに参加させていただいて、本当に良い経験ができたと思っています。全社的な視点で物事を考えたり、上位者の方々のお話をこれだけ身近にお聞きする機会は、このようなプロジェクトを経験させていただかなければ普通はあり得ないですし、非常に勉強になった期間であったと思います。現場の仕事だけでは見えないものを見ることができました。特にプロジェクトリーダーの松田さんのリーダーシップ、皆さんを巻き込んでいく姿勢は勉強になりましたし、私個人としても何か貢献しなければ、と思うようになりました。あまり貢献できなかったかもしれませんが……。

筆者：なるほど。ありがとうございます。ご自身の中で、このプロジェクトを通じて、将来に対する働き方や健康、幸せといった面について考えるようになり、実現できたとお感じになられますか？

塚本：はい。このプロジェクトで将来の仕事や健康について考えて、何か取組みができたかというと、まだまだこれからかな、というのが正直な感想です。私達プロジェクトメンバーも当初は気付かなかった現場とプロジェクトとの意識の差や理解の差をとても感じましたし、私自身も違和感があった一人でした。でも、少なくともそういうことを意識しながら仕事をしていかなければならないということは考えるようになってきました。最近では、現場社員の一人ひとりが "将来の仕事と健康" とか、"FW" という言葉を使い始めていて、徐々に浸透しているのは間違いないと思い

ます。プロジェクトは終了しましたが、プロジェクトメンバーで定期的に集まるような機会が持てると嬉しいなと思っています。

インタビュアー　　筆者
インタビュイー　経営企画室主任　堀尾剛史さん

筆者：堀尾さんは、松田さんの右腕的な存在として、プロジェクトのムードメーカーとしての貢献も大きく、松田さんとしてもやりやすかったのではないかと思います。今回のプロジェクトでは、いち早く実践に移されていましたよね。どのような思いでそうされていたのかお聞かせいただけますか？

堀尾：私にとって今回のプロジェクトは非常に有意義なものでした。プロジェクト前後で生活を変えることができました。ジムに通うようになりましたし、体調も以前に比べて随分と良くなりました。仕事の面では多少の窮屈さは残っていますが、何とかなると思えるようになりました。こういうのはまずはやってみることが大事だと思っています。周囲の目を気にしていても何も始まりません。幸いにも、上司が松田なので、私の場合は動きやすかったです。強いて言えば、松田にももっと変化してもらいたかったというのはありますね。ウチの上司はちょっとマジメ過ぎるので（笑）。

　ただ、全社的な取組みとしてはまだ満足していませんね。確かに社員幸福度調査結果のスコアは改善してきてはいますが、まだまだ改善余地があるし、これで満足していてはダメだと思っています。今後まだもう少しは改善していくと思いますが、きっと調査結果のスコアが頭打ちになるはずなんですよね。そこからその壁をどう乗り越えるかが課題と思っています。壁を乗り越えるためには、今までと同じことをずっとやっていてはダメで、色々と変化を加える必要があると思っています。社員が楽しみながら参加しつつ、参加しなかったら損するような仕掛けも必要になってくるかもしれません。イベント的にやるのはマンネリ化したり、しらける人もいると思うので、いかにそうならないようにするかがポイントかなと。社員全員に伝えることができ、実際に響くようなメッセージを伝え続けられるように、経営企画室としても考えていかないといけないなと思っています。

筆者：確かに一過性の取組みとならないようにしなければならないですね。そのために何か具体的な取組みを予定されているものがあれば教えていただけますか？

堀尾：今、西本 CWO を中心にそういった仕掛けを検討していると聞いています。特に健康指標を使って、従業員が気軽に自己管理できるようなアプリを検討しているそうです。他社事例でもこういった動きがあるようなので、よりこういった動きが加速していけるように、経営企画室としてもバックアップしていきたいと思っています。

インタビュアー　筆者
インタビュイー　営業課長　溝口大輔さん

筆者：溝口さんは、松田さんの同僚ということで、松田さんをよくご存じと伺っております。今回の FW プロジェクトを現場からどのように見て、お感じになられていらっしゃいましたか？

溝口：プロジェクトが始まってから少しして、私が松田を呼び出して色々と提言をしたんですよね。プロジェクトでやっていることと現場の感覚は違うよと。ただ、当初より、随分と良くなったと思います。ですが、まだ不満がないと言えばウソになります。仕方ないのでしょうけど、現場での働き方とアンマッチな部分が残っています。例えば営業日報です。タブレットで訪問先を簡単に報告できるようになったのはいいのですが、これまで紙ベースでの報告を受けたときよりも明らかに訪問件数が増えていたりする場合があるんですよね。あまり疑いたくはないですが、訪問したことを報告するのがワンクリック（タップ）で簡単になったので、これで訪問件数がタブレット導入前よりも増えているのではないかと…。むしろ今までの訪問件数が実態ではなかったというのであればいいのですが、どうもこれまでの感覚と異なっていて、これから実態把握しないといけないという課題が残っています。ちなみに、これ、オフレコですよね？

筆者：はい、大丈夫です。決して経営上層部に伝わるようなことはありませんのでご安心ください。（笑）

溝口：では、それを信じて…（笑）。社長は社員に対してもっと理解しや

すくメッセージを出せるとよいですね。メールで社長の所信表明を出されても、なかなか現場社員までには伝わりにくいのではないかと思います。我々のような管理職はまだ目を通しますが、部下たちが全員読んでいるかというと、若干疑問が残ります。実際に「読んでいません」と平気で言ってくる部下の声も聞きます。ただ、そうはいっても、メッセージの伝え方は難しいですね。私が社長の立場なら、…というのもおこがましいですが、やっぱり難しいと思いますし、何が効果的なのか答えが見つかりません。他社の事例にもあるようですが、例えば健康が大事だ、ということを伝えるために社長が宣言を行って、ヘルスケアポイントを付与して日常の仕事の中でゲーム感覚などを取り入れていく、なんてことをウチでもすれば、社員も参加しやすくなって、社長が何をしようとしているのか、伝わりやすくなるのかもしれませんね。そういうちょっとした遊び感覚も含めて考えていくのもよいかもしれません。まぁプロジェクトリーダーがあの実直で真面目な松田だったから、そこまでの応用は効かなかったのかも。でもとても会社に貢献してくれたと思いますし、同期としてとても尊敬しています。

筆者：今後益々このような動きが促進されるといいですね。そのためにも、溝口さんのように現場からの声は常に聞こえるようにしておく必要があると思いますが、いかがでしょうか。

溝口：そうですね。こういった全社的な取組みって、良かれと思ってやっていても、実は現場からすると同意できなかったりすることってよくありますよね。営業企画で考えたことが現場では的外れだった、というような話もよくあります。そのためにも、現場からの意見をしっかりと吸い上げる機能も必要ですし、我々も意見を発信していくような取組みが必要なんだと感じます。

インタビュアー　　筆者
インタビュイー　　人事部長　川原和夫さん
筆者：人事部長として、今回の FW プロジェクトをどのようにお感じになられていますか？

川原：まだ懐疑的やな、この動きは。確かに松田を含めてようやっていると思うけど、もっと色々とできることはあるんやと思うわ。会社で幸せを感じるのは仕事を通じてしかあらへん。いくらプライベートが充実したって、それは関係のない話や。ま、カミさんと喧嘩した時は仕事にも影響出るけどな（笑）。

　結局、人事部としては適材適所をいかに実現させるか、社員がやる気を持って働いて、充実感をもって働いて、幸せを感じてもらえるようになることを助けるのがホンマの役割やと思うねんな。な、ええこと言うやろ。

筆者：会社での幸せは仕事を通じてでしかない、というのはすごみを感じるコメントです。確かに世の中の動きとして、プライベートを充実させることが目的になっているような側面もあるように受け取る人もいるかもしれませんが、そもそもの本質的なところを忘れてはいけないよ、ということですね。

川原：せや。よう分かってるやん。小手先であれこれやってもしゃーないというのが本音や。でも、その前提としての健康があることももちろん大事や。社長はよう考えはったんとちゃうかな。せやけど残業対策は大事やで。人件費はあんまり上げられへんしな。これから高プロやら裁量労働やらどんどん世の中の仕組みが変わっていくさかいに、ウチの会社も上手いこと活用していかなあかんいうことやな。ま、やっと色々と動き始めたところやし、経営企画室のお手並み拝見…やないわ、一緒に頑張って会社をよくしていきたいと思っているよ。な、君もそう思うよね。

インタビュアー　筆者
インタビュイー　CWO　西本進さん

筆者：西本CWOはプロジェクト開始当初は専務というお立場で、プロジェクトリーダーとして関わられていましたが、今回の取組みをどのように捉えられていますか？

西本：世の中の流れがこうだから、というのではなく、我が社としてこのテーマは取り組まなければならなかった課題であったとの認識はあったね。CEOの加藤がこの活動の方針を出した際には、まったく同意であっ

たし、良い意味で緊張感があったよ。この取組み以前の我が社では、恥ずかしい話だが、一部の部署でかなりの長時間労働があった。会社としては分かってはいるものの、あの部署はある意味仕方がないと黙認されていたり、何か取り組まなければならないという雰囲気はなかったんだね。本来は専務である私自身から提言しなければならなかったと反省もしたよ。これまで何も問題が起こらなかったのは幸運だったと捉える方が正しかったかもしれないね。どちらかというとネガティブ面からの必要性について話したんだが、ただ単に長時間労働が削減されればよいという話でもないことは認識している。ただ、まずはそのリスク対策をしなければならないと感じていたので、その対策が打てたことは非常に有意義であったと思っているよ。

筆者：なるほど。どちらかというと長時間労働を削減する必要性に駆られてやらなければならなかった、という主旨が強かったということですね。しかし、今回のプロジェクトはそれだけの話にはとどまることなく、より高次での議論がなされていたように思います。

西本：確かにおっしゃる通りです。そこには加藤の思いがあり、松田のリードがあったので、ここまで成し遂げられたのではないかと思っています。年齢的にも、松田をはじめとした彼らのような層の人材が今後の会社を引っ張っていく必要があるので、そのような成長機会にしてほしかった。今回、松田は本当によくやってくれたと思っています。彼自身にとっても非常にいい経験ができたのではないかな。プロジェクトマネジメントの難しさと面白さ、本社と現場の意識の違いなど、いろいろなことを経験できたはずだし、人を巻き込む力が格段に上がったのが良かったね。

筆者：プロジェクトの成果は十分だったとお感じになられていますか？今後の課題があるとすればそれは何でしょうか？

西本：プロジェクトについてはおおむね満足しているよ。まぁ全員が満足するというのはそもそもないと思っているので、それは徐々に改善して潰していけばよいと思っている。大事なのは、やったらやりっぱなしではなく、継続してウォッチしていくことなので、その体制は私が主体となってちゃんと取っていくことになっているよ。また、今後の課題と考えているのは、健康や幸せといった単語が仕事よりも先行して、社員がヘンな権利

主張をしてこないかだね。こういった取組みは、一方で仕事の成果をきちんと定義するとか、厳格に評価を行うなど、ガバナンスを効かせなければならないとは思っています。

インタビュアー　筆者
インタビュイー　CEO　加藤豊さん

筆者：今回の Future of Work プロジェクトですが、加藤 CEO がこの方向性を打ち出されたとお聞きしております。今回のプロジェクトを推進されるきっかけは何だったのでしょうか？

加藤：このプロジェクトは、海外のとある企業での働き方を知ったことがきっかけです。社員達は職場の仲間と助け合いながら本当に楽しそうに仕事をしていて、しかも残業がほとんどなく、素晴らしい業績を出していた。一方、我が社では、社員が本当に真面目に身を粉にして働いてくれてはいますが、あくまで仕事は仕事という感じで、汗をかきながら、どちらかというと寡黙に仕事をするのが是とされてきたような雰囲気があった。悪いことでは決してないのですが、余裕がない。これは文化の違いということなのかもしれませんが、今後、我が社が海外進出、事業拡大をすることを考えたときに、このままの状態で世界の競合他社と本当に勝負できるのか、という危機感を持ちました。根性論ではなく、肉体的にも精神的にも過度な負荷をかけずに、社員個々人がそれぞれの幸せを感じてもらいながら、一人ひとりの力を存分に発揮できるように変えていかなければ、本当にいい仕事ができないのではないか、と思ったのがきっかけです。

　やがては国内のマーケットも限界が来ます。我が社のサービスをより広く世の中に普及していくためにも、すぐにでもこの取組みを行う必要があると考えたのです。

筆者：なるほど。加藤 CEO がお感じになられた危機感が今回のプロジェクトのきっかけになったということですね。そのような背景の中で、今回のプロジェクトの成果はいかがでしたでしょうか？

加藤：西本、松田を中心として、プロジェクトメンバーは本当によくやってくれました。職場の雰囲気も徐々にではありますが、いい緊張感を残し

つつも和やかな雰囲気に変わってきているように思います。残業時間も徐々に効果が表れて、生産性も向上してきています。本社と現場との意識の乖離など、試行錯誤もあったようですが、逃げずに粘り強く推進してくれました。

筆者：加藤 CEO としても、ここまでは満足のいく成果が出ているということですね。それでは最後に、今後の取組みに向けて一言お願いできますでしょうか。

加藤：今回、我が社では Future of Work というプロジェクトに取組み、社員の皆さんのおかげで期待以上の成果を残せたと思っています。これは、単に働き方を変えるという主旨ではなく、将来にわたって、社員の皆さんが働き続けられる職場環境を作っていく、という私の決意が込められていました。また、直接的に言葉に表すことはできていませんが、安定的に幸福を感じてもらいながら、健康で長く働き続けてもらいたい、という想いがこのプロジェクト名には含まれています。もちろん、仕事ですから、時には無理しなければならない時もあるでしょう。しかし、それがずっと続くことは望んでいませんし、会社としてそのような状況を継続させておくわけにはいきません。

　これからも、すべての社員が幸福を感じてもらうことを目指し、我が社の Future of Work はこれからも進化し続けていきます。

参考文献

厚生労働省労働基準局監督課「労働基準関係法令違反に係る公表事案」（平成30年6月29日）（http://www.mhlw.go.jp/kinkyu/dl/170510-01.pdf）

経済産業省ホームページ「健康日本21」（http://www.meti.go.jp/policy/mono_info_service/healthcare/kenko_keiei.html）

一般社団法人日本経営協会ウェブサイト（http://www.noma-kansai.jp/topics-public/post-86.html）

Moos RH. Work Environment Scale: Manual California:Consulting Psychologists Press1981.

福井里江ほか「職場の組織風土の測定−組織風土尺度12項目版（OCS-12）の信頼性と妥当性」産業衛生学雑誌46巻6号（2004）

石川産業保健推進センター「（職場）組織風土からみた職場におけるメンタルヘルス対策に関する調査研究」

波頭亮『組織設計概論 —— 戦略的組織制度の理論と実際』（産業能率大学出版部、1999）

ロイター2018年3月15日（https://jp.reuters.com/article/finland-idJPKCN 1 GR05Q）

マーティン・セリグマン『ポジティブ心理学の挑戦—"幸福"から"持続的幸福"へ』（ディスカヴァー・トゥエンティワン、2014）

経済産業省商務情報政策課ヘルスケア産業課「企業の「健康経営」ガイドブック〜連携・協同による健康づくりのススメ」（平成26年4月公表、平成28年4月一部改訂）

厚生労働省「事業場における治療と職業生活の両立支援のためのガイドライン」（平成28年2月）

次世代ヘルスケア産業協議会 健康投資ワーキンググループ・日本健康会議 中小1万社健康宣言ワーキンググループ「健康経営優良法人2018（中小規模法人部門）認定基準解説書」

高原暢恭『人材育成の教科書 —— 悩みを抱えるすべての管理者のために』（労務行政、2010）

厚生労働省「職場における心の健康づくり〜労働者の心の健康の保持増進のための指針」（http://kokoro.mhlw.go.jp/wp-content/uploads/2017/03/H29_mental_health_relax.pdf）

厚生労働省ホームページ「ストレスチェック制度の実施状況を施行後はじめて公表します」（https://www.mhlw.go.jp/stf/houdou/0000172107.html）

おわりに

　私達は、有限責任監査法人トーマツのリスクアドバイザリー事業本部のヘルスケアという組織に所属しており、日頃は厚生労働省など国、自治体、医療機関など、ヘルスケア分野のアドバイザリー業務を行っています。いわゆる経営コンサルタントでありますが、経営と一言で言っても分野はさまざまであり、戦略、財務、組織、人事、システムなどの専門家や、医療政策を専門にしているアドバイザーなど、さまざまな人材が集まってアドバイザリーサービスを提供しています。

　今回、日本能率協会マネジメントセンターの岡田茂様より、「健康的な働き方」というテーマで出版の企画をいただきました。昨今、世の中での「働き方改革」や「健康経営」といった動きがある中で、著者である私達も含めて、本当に実際の働き方は良い方向に向かっているのだろうか、健康的に働けるようになっているのだろうか、ということを執筆活動を通じて改めて考えなおす機会になりました。執筆の構想段階から、世の中の多くの企業が手掛けている施策は、必ずしも上手く行っているとは言い難いケースがある中で、単に色々な事例を紹介するだけではあまり参考にはならないと感じていました。そこで、テクニカルな施策の紹介よりももっと本質的なところまで踏み込んだテーマにしつつ、より幅広い読者層の皆様に気軽に手に取って読んでいただきやすいように、ストーリー（経営企画室長・松田が進める「FW プロジェクト」）の展開に対応して解説する形になりました。これらは岡田様の的確なアドバイスやアイディアに基づくもので、今回このような形で出版までこぎつけることができたのも岡田様と上手く協働できた成果であると考えております。企画、編集等すべてに渡って本当にお世話になった、岡田様にはこの場をお借りして改めて感謝を申し上げます。

　この執筆活動を行っている期間は、移動時間や隙間時間を使って構想したり、週末や早朝・夜中などを使って執筆したりなど、残念ながら必ずし

も健康的な働き方とは言い難い状態になっていたかもしれません。しかし、執筆が進むとともに、ちょうどタイミングよく私達の組織内での働き方改革の動きもより活発になっていき、我々自身が健康的に働く意義やその必要性をより深く理解するようになったと認識しています。

　今後、ますます世の中ではこの動きが活発になっていくと思われます。本書をきっかけとして、読者の皆様お一人おひとりの働き方や、健康のあり方などを見直すきっかけにしていただけると幸甚です。

有限責任監査法人トーマツ

著者一同

索引

さ

著者プロフィール

有限責任監査法人トーマツ
リスクアドバイザリー事業本部　インダストリー事業部　ヘルスケア

吉岡　拓也／Takuya Yoshioka
大手外資系製薬会社、中小コンサルティング会社を経て、トーマツコンサルティング（現デロイトトーマツコンサルティング）に入社。民間企業向けの人材マネジメントに関するコンサルティング業務に従事した後、現職。ヘルスケアやパブリック領域を中心に、人事制度構築、各種研修講師等、人事領域におけるアドバイザリー業務を提供している。

根本　大介／Daisuke Nemoto
大手メーカー、大手シンクタンクで医療施設向けコンサルティング経験後、現職。官公庁、大学病院、自治体病院、民間病院での経営支援、調査、医療情報システム導入支援、基本構想・基本計画策定、各種アドバイザリー業務に従事。

折本　敦子　グレイス／Atsuko Grace Orimoto
みずほ情報総研にて、社会保障分野の調査分析業務、デロイトトーマツコンサルティングにて、ヘルスケア関連業務のビジネスコンサルティング業務、日本医療政策機構にて、ヘルスケアプロモーション業務などに従事した後、現職にて、官公庁の健康関連業務に従事している。医療・介護保険の保険者機能、データ分析を得意とする。

本書の内容は、筆者個人の意見であり、有限責任監査法人トーマツの意見ではありません。また記載検討時当時の考えとなります。本書は、法的助言の提供、法的レビュー他弁護士法に抵触するような業務提供ではありません。したがって本書に依拠して意思決定・行動をされることなく、適用に関する具体的事案をもとに適切な専門家にご相談ください。また、これにより生じた損害は、筆者および有限責任監査法人トーマツは責任を負いません。

実践健康経営
健康的な働き方への組織改革の進め方

2018年11月10日　　　初版第1刷発行

著　者——吉岡拓也・根本大介・折本敦子グレイス
© 2018 Takuya Yoshioka, Daisuke Nemoto, Atsuko Grace Orimoto
発行者——張　士洛
発行所——日本能率協会マネジメントセンター
〒103‐6009 東京都中央区日本橋2‐7‐1東京日本橋タワー
TEL　03(6362)4339（編集）／ 03(6362)4558（販売）
FAX　03(3272)8128（編集）／ 03(3272)8127（販売）
http://www.jmam.co.jp/

装　丁——重原　隆
本文DTP— TYPEFACE
印刷所——広研印刷株式会社
製本所——株式会社三森製本所

本書の内容の一部または全部を無断で複写複製（コピー）することは、法律で認められた場合を除き、著作者および出版者の権利の侵害となりますので、あらかじめ小社あて許諾を求めてください。

ISBN978-4-8207-2684-5　C2034
落丁・乱丁はおとりかえします。
PRINTED IN JAPAN

JMAM の本

実践CFO経営 これからの経理財務部門における役割と実務

デロイト トーマツ グループ
A5判上製460頁

不確実性が高まっている事業環境、テクノロジーの進化を踏まえて、CFO、CFOを支える経理・財務部門、経営企画担当者向けに、会社がグローバル成長を遂げるために何をするべきかを示しています。ファイナンスを羅針盤とした変革の道筋を実際のプロジェクトをベースに体系的に解説しています。

経営を強くする戦略人事

加藤宏未・田崎 洋・金子誠二著
A5判並製320頁

経営視点と現場視点での人事「戦略」のシナジーを『戦略人事』として、これまでの『強い統制型の人事』から、働き方改革や多様性の尊重などを踏まえた『しなやかで開かれた人事（ライン部門や従業員個々も参画しながら全体を作り上げる人事）』を目指した、新しい人事＝戦略人事のあり方を提示します。

経営を強くする戦略総務

豊田健一著
A5判並製248頁

総務自身が戦略性を持ち、企業のコア業務として存在していくのが「戦略総務」という考え方。社内活性化、モチベーションの向上、効率性・創造性の向上…総務自身が戦略性を持って社員の働き方を変革し、生産性を高めていく「戦略総務」の視点・スキルを実践的に解説します。

経営を強くする戦略経営企画

株式会社日本総合研究所著
A5判並製224頁

海外展開、新規事業立ち上げなど、新たな収益源を確保するため、そして迅速な経営判断のために、経営企画には常に変化への適応が求められています。中期経営計画、新規事業開発、M&Aをはじめ、不確実性の時代を生き抜く経営企画として本当に知っておくべきことが、この1冊ですべてわかります。